PARCOURS DE LECTURE

Collection dirigée par Alain Boissinot

LA DISPUTE

Marivaux

par ***Sylvie Chalaye***

BERTRAND-LACOSTE
36 rue Saint-Germain-l'Auxerrois – 75001 PARIS

SOMMAIRE

LA DISPUTE

ACTEURS

HERMIANE ; LE PRINCE ; MESROU ; CARISE ; ÉGLÉ ; AZOR ;
ADINE ; MESRIN ; MESLIS ; DINA ;
LA SUITE DU PRINCE.

La scène est à la campagne

Scène I

Le Prince, Hermiane, Carise, Mesrou.

HERMIANE – Où allons-nous, seigneur ? Voici le lieu du monde le plus sauvage et le plus solitaire, et rien n'y annonce la fête que vous m'avez promise.

LE PRINCE, *en riant* – Tout y est prêt.

HERMIANE – Je n'y comprends rien ; qu'est-ce que c'est que cette maison où vous me faites entrer, et qui forme un édifice si singulier ? Que signifie la hauteur prodigieuse des différents murs qui l'environnent ? Où me menez-vous ?

LE PRINCE – À un spectacle très curieux. Vous savez la question que nous agitâmes hier au soir. Vous souteniez contre toute ma cour que ce n'était pas votre sexe, mais le nôtre, qui avait le premier donné l'exemple de l'inconstance et de l'infidélité en amour.

HERMIANE – Oui, seigneur, je le soutiens encore. La première inconstance, ou la première infidélité, n'a pu commencer que par quelqu'un d'assez hardi pour ne rougir de rien. Oh ! comment veut-on que les femmes, avec la pudeur et la timidité naturelles qu'elles avaient, et qu'elles ont encore depuis que le monde et sa corruption durent, comment veut-on qu'elles soient tombées les premières dans des vices de cœur qui demandent autant d'audace, autant de libertinage de sentiment, autant d'effronterie que ceux dont nous parlons ? Cela n'est pas croyable.

LE PRINCE – Eh ! sans doute, Hermiane, je n'y trouve pas plus d'apparence que vous ; ce n'est pas moi qu'il faut combattre là-dessus, je suis de votre sentiment contre tout le monde, vous le savez.

HERMIANE – Oui, vous en êtes par pure galanterie, je l'ai bien remarqué.

LE PRINCE – Si c'est par galanterie, je ne m'en doute pas. Il est vrai que je vous aime, et que mon extrême envie de vous plaire peut fort bien me persuader que vous avez raison ; mais ce qui est certain, c'est qu'elle me le persuade si finement que je ne m'en aperçois pas. Je n'estime point le cœur des hommes, et je vous l'abandonne ; je le crois sans comparaison plus sujet à l'inconstance et à l'infidélité que celui des femmes ; je n'en excepte que le mien, à qui même je ne ferais pas cet honneur-là si j'en aimais une autre que vous.

HERMIANE – Ce discours-là sent bien l'ironie.

LE PRINCE – J'en serai donc bientôt puni ; car je vais vous donner de quoi me confondre, si je ne pense pas comme vous.

HERMIANE – Que voulez-vous dire ?

LE PRINCE – Oui, c'est la nature elle-même que nous allons interroger ; il n'y a qu'elle qui puisse décider la question sans réplique, et sûrement elle prononcera en votre faveur.

HERMIANE – Expliquez-vous, je ne vous entends point.

LE PRINCE – Pour bien savoir si la première inconstance ou la première infidélité est venue d'un homme, comme vous le prétendez, et moi aussi, il faudrait avoir assisté au commencement du monde et de la société.

HERMIANE – Sans doute, mais nous n'y étions pas.

LE PRINCE – Nous allons y être ; oui, les hommes et les femmes de ce temps-là, le monde et ses premières amours vont reparaître à nos yeux tels qu'ils étaient, ou du moins tels qu'ils ont dû être ; ce ne seront peut-être pas les mêmes aventures, mais ce seront les mêmes caractères ; vous allez voir le même état de cœur, des âmes tout aussi neuves que les premières, encore plus neuves s'il est possible. *(À Carise et à Mesrou.)* Carise, et vous, Mesrou, partez, et quand il sera temps que nous nous retirions, faites le signal dont nous sommes convenus. *(À la suite.)* Et vous, qu'on nous laisse.

Scène II

Hermiane, le Prince.

HERMIANE – Vous excitez ma curiosité, je l'avoue.

LE PRINCE – Voici le fait : il y a dix-huit ou dix-neuf ans que la dispute d'aujourd'hui s'éleva à la cour de mon père, s'échauffa beaucoup et dura très longtemps. Mon père, naturellement assez philosophe, et qui n'était pas de votre sentiment, résolut de savoir à quoi s'en tenir, par une épreuve qui ne laissât rien à désirer. Quatre enfants au berceau, deux de votre sexe et deux du nôtre, furent portés dans la forêt où il avait fait bâtir cette maison exprès pour eux, où chacun d'eux fut logé à part, et où actuellement même il occupe un terrain dont il n'est jamais sorti, de sorte qu'ils ne se sont jamais vus. Ils ne connaissent encore que Mesrou et sa sœur qui les ont élevés, et qui ont toujours eu soin d'eux, et qui furent choisis de la couleur dont ils sont[1], afin que leurs élèves en fussent étonnés quand ils verraient d'autres hommes. On va donc pour la première fois leur laisser la liberté de sortir de leur enceinte et de se connaître ; on leur a appris la langue que nous parlons ; on peut regarder le commerce qu'ils vont avoir ensemble comme le premier âge du monde ; les premières amours vont recommencer, nous verrons ce qui en arrivera. *(Ici, on entend un bruit de trompettes.)* Mais hâtons-nous de nous retirer, j'entends le signal qui nous avertit, nos jeunes gens vont paraître ; voici une galerie qui règne tout le long de l'édifice et d'où nous pourrons les voir et les écouter, de quelque côté qu'ils sortent de chez eux. Partons.

Scène III

Carise, Églé.

CARISE – Venez, Églé, suivez-moi ; voici de nouvelles terres que vous n'avez jamais vues, et que vous pouvez parcourir en sûreté.

ÉGLÉ – Que vois-je ? quelle quantité de nouveaux mondes !

CARISE – C'est toujours le même, mais vous n'en connaissez pas toute l'étendue.

ÉGLÉ – Que de pays ! que d'habitations ! il me semble que je ne suis plus rien dans un si grand espace ; cela me fait plaisir et peur. *(Elle se regarde et s'arrête à un ruisseau.)* Qu'est-ce que c'est que cette eau que je vois et qui roule à terre ? Je n'ai rien vu de semblable à cela dans le monde d'où je sors.

CARISE – Vous avez raison, et c'est ce qu'on appelle un ruisseau.

ÉGLÉ, *regardant* – Ah ! Carise, approchez, venez voir ; il y a quelque chose qui habite dans le ruisseau qui est fait comme une personne, et elle paraît aussi étonnée de moi que je le suis d'elle.

CARISE, *riant* – Eh ! non, c'est vous que vous y voyez ; tous les ruisseaux font cet effet-là.

ÉGLÉ – Quoi ! c'est là moi, c'est mon visage ?

CARISE – Sans doute.

ÉGLÉ – Mais savez-vous bien que cela est très beau, que cela fait

---

1. Carise et Mesrou sont noirs.

un objet charmant ? Quel dommage de ne l'avoir pas su plus tôt !

CARISE – Il est vrai que vous êtes belle.

ÉGLÉ – Comment « belle » ? admirable ! cette découverte-là m'enchante. *(Elle se regarde encore.)* Le ruisseau fait toutes mes mines, et toutes me plaisent. Vous devez avoir eu bien du plaisir à me regarder, Mesrou et vous. Je passerais ma vie à me contempler ; que je vais m'aimer à présent !

CARISE – Promenez-vous à votre aise ; je vous laisse pour rentrer dans votre habitation, où j'ai quelque chose à faire.

ÉGLÉ – Allez, allez, je ne m'ennuierai pas avec le ruisseau.

Scène IV

Églé, Azor. Églé un instant seule,
Azor paraît vis-à-vis d'elle.

ÉGLÉ, *continuant et se tâtant le visage* – Je ne me lasse point de moi. *(Et puis apercevant Azor, avec frayeur.)* Qu'est-ce que c'est que cela, une personne comme moi ?… N'approchez point. *(Azor étendant les bras d'admiration et souriant.)* La personne rit, on dirait qu'elle m'admire. *(Azor fait un pas.)* Attendez… Ses regards sont pourtant bien doux… Savez-vous parler ?

AZOR – Le plaisir de vous voir m'a d'abord ôté la parole.

ÉGLÉ – La personne m'entend, me répond, et si agréablement !

AZOR – Vous me ravissez.

ÉGLÉ – Tant mieux.

AZOR – Vous m'enchantez.

ÉGLÉ – Vous me plaisez aussi.

AZOR – Pourquoi donc me défendez-vous d'avancer ?

ÉGLÉ – Je ne vous le défends plus de bon cœur.

AZOR – Je vais donc approcher.

ÉGLÉ – J'en ai bien envie. *(Il avance.)* Arrêtez un peu… Que je suis émue !

AZOR – J'obéis, car je suis à vous.

ÉGLÉ – Elle obéit ; venez donc tout à fait, afin d'être à moi de plus près. *(Il vient.)* Ah ! la voilà, c'est vous ; qu'elle est bien faite ! en vérité, vous êtes aussi belle que moi.

AZOR – Je meurs de joie d'être auprès de vous, je me donne à vous, je ne sais pas ce que je sens, je ne saurais le dire.

ÉGLÉ – Eh ! c'est tout comme moi.

AZOR – Je suis heureux, je suis agité.

ÉGLÉ – Je soupire.

AZOR – J'ai beau être auprès de vous, je ne vous vois pas encore assez.

ÉGLÉ – C'est ma pensée ; mais on ne peut pas se voir davantage, car nous sommes là.

AZOR – Mon cœur désire vos mains.

ÉGLÉ – Tenez, le mien vous les donne ; êtes-vous plus contente ?

AZOR – Oui, mais non pas plus tranquille.

ÉGLÉ – C'est ce qui m'arrive, nous nous ressemblons en tout.

AZOR – Oh ! quelle différence ! tout ce que je suis ne vaut pas vos yeux ; ils sont si tendres !

ÉGLÉ – Les vôtres si vifs !

AZOR – Vous êtes si mignonne, si délicate !

ÉGLÉ – Oui, mais je vous assure qu'il vous sied fort bien de ne l'être pas autant que moi ; je ne voudrais pas que vous fussiez autrement, c'est une autre perfection ; je ne nie pas la mienne ; gardez-moi la vôtre.

AZOR – Je n'en changerai point, je l'aurai toujours.

ÉGLÉ – Ah çà ! dites-moi, où étiez-vous quand je ne vous connaissais pas ?

AZOR – Dans un monde à moi, où je ne retournerai plus, puisque vous n'en êtes pas, et que je veux toujours avoir vos mains ; ni moi ni ma bouche ne saurions plus nous passer d'elles.

ÉGLÉ – Ni mes mains se passer de votre bouche ; mais j'entends du bruit, ce sont des personnes de mon monde : de peur de les effrayer, cachez-vous derrière les arbres ; je vais vous rappeler.

AZOR – Oui, mais je vous perdrai de vue.

ÉGLÉ – Non, vous n'avez qu'à regarder dans cette eau qui coule ; mon visage y est, vous l'y verrez.

Scène V

Mesrou, Carise, Églé.

ÉGLÉ, *soupirant* – Ah ! je m'ennuie déjà de son absence.

CARISE – Églé, je vous retrouve inquiète, ce me semble ; qu'avez-vous ?

MESROU – Elle a même les yeux plus attendris qu'à l'ordinaire.

ÉGLÉ – C'est qu'il y a une grande nouvelle ; vous croyez que nous ne sommes que trois, je vous avertis que nous sommes quatre ; j'ai fait l'acquisition d'un objet qui me tenait la main tout à l'heure.

CARISE – Qui vous tenait la main, Églé ! Que n'avez-vous appelé à votre secours ?

ÉGLÉ – Du secours contre quoi ? contre le plaisir qu'il me faisait ? J'étais bien aise qu'il me la tînt ; il me la tenait par ma permission ; il la baisait tant qu'il pouvait, et je ne l'aurai pas plus tôt rappelé qu'il la baisera encore pour mon plaisir et pour le sien.

MESROU – Je sais qui c'est, je crois même l'avoir entrevu qui se retirait ; cet objet s'appelle un homme, c'est Azor ; nous le connaissons.

ÉGLÉ – C'est Azor ? le joli nom ! le cher Azor ! le cher homme ! il va venir.

CARISE – Je ne m'étonne point qu'il vous aime et que vous l'aimiez, vous êtes faits l'un pour l'autre.

ÉGLÉ – Justement, nous l'avons deviné de nous-mêmes. *(Elle l'appelle.)* Azor, mon Azor, venez vite, l'homme !

Scène VI

Carise, Églé, Mesrou, Azor.

AZOR – Eh ! c'est Carise et Mesrou, ce sont mes amis.

ÉGLÉ, *gaiement* – Ils me l'ont dit ; vous êtes fait exprès pour moi, moi faite exprès pour vous, ils me l'apprennent ; voilà pourquoi nous nous aimons tant : je suis votre Églé, vous, mon Azor.

MESROU – L'un est l'homme, et l'autre la femme.

AZOR – Mon Églé, mon charme, mes délices et ma femme !

ÉGLÉ – Tenez, voilà ma main ; consolez-vous d'avoir été caché. *(À Mesrou et à Carise.)* Regardez, voilà comme il faisait tantôt ; fallait-il appeler à mon secours ?

CARISE – Mes enfants, je vous l'ai déjà dit, votre destination naturelle est d'être charmés l'un de l'autre.

ÉGLÉ, *le tenant par la main* – Il n'y a rien de si clair.

CARISE – Mais il y a une chose à observer, si vous voulez vous aimer toujours.

ÉGLÉ – Oui, je comprends, c'est d'être toujours ensemble.

CARISE – Au contraire ; c'est qu'il faut de temps en temps vous priver du plaisir de vous voir.

ÉGLÉ, *étonnée* – Comment ?

AZOR, *étonné* – Quoi ?

CARISE – Oui, vous dis-je ; sans quoi ce plaisir diminuerait et vous deviendrait indifférent.

ÉGLÉ, *riant* – Indifférent, indifférent, mon Azor ! ah ! ah ! ah !… la plaisante pensée !

AZOR, *riant* – Comme elle s'y entend !

MESROU – N'en riez pas, elle vous donne un très bon conseil, ce n'est qu'en pratiquant ce qu'elle vous dit là, et qu'en nous séparant quelquefois, que nous continuons de nous aimer, Carise et moi.

ÉGLÉ – Vraiment, je le crois bien ; cela peut vous être bon à vous autres qui êtes tous deux si noirs, et qui avez dû vous enfuir de peur la première fois que vous vous êtes vus.

AZOR – Tout ce que vous avez pu faire, c'est de vous supporter l'un et l'autre.

ÉGLÉ – Et vous seriez bientôt rebutés de vous voir si vous ne vous quittiez jamais, car vous n'avez rien de beau à vous montrer ; moi qui vous aime, par exemple, quand je ne vous vois pas je me passe de vous ; je n'ai pas besoin de votre présence ; pourquoi ? C'est que vous ne me charmez pas ; au lieu que nous nous charmons, Azor et moi ; il est si beau, moi si admirable, si attrayante, que nous nous ravissons en nous contemplant.

AZOR, *prenant la main d'Églé* – La seule main d'Églé, voyez-vous, sa main seule, je souffre quand je ne la tiens pas ; et quand je la tiens, je me meurs si je ne la baise ; et quand je l'ai baisée je me meurs encore.

ÉGLÉ – L'homme a raison ; tout ce qu'il vous dit là, je le sens ; voilà pourtant où nous en sommes ; et vous qui parlez de notre plaisir, vous ne savez pas ce que c'est ; nous ne le comprenons pas, nous qui le sentons ; il est infini.

MESROU – Nous ne vous proposons de vous séparer que deux ou trois heures seulement dans la journée.

ÉGLÉ – Pas d'une minute.

MESROU – Tant pis.

ÉGLÉ – Vous m'impatientez, Mesrou ; est-ce qu'à force de nous voir nous deviendrons laids ? Cesserons-nous d'être charmants ?

CARISE – Non, mais vous cesserez de sentir que vous l'êtes.

ÉGLÉ – Eh ! qu'est-ce qui nous empêchera de le sentir puisque nous le sommes ?

AZOR – Églé sera toujours Églé.

ÉGLÉ – Azor toujours Azor.

MESROU – J'en conviens, mais que sait-on ce qui peut arriver ? Supposons par exemple que je devinsse aussi aimable qu'Azor, que Carise devînt aussi belle qu'Églé.

ÉGLÉ – Qu'est-ce que cela nous ferait ?

CARISE – Peut-être alors que, rassasiés de vous voir, vous seriez tentés de vous quitter tous deux pour nous aimer.

ÉGLÉ – Pourquoi tentés ? Quitte-t-on ce qu'on aime ? Est-ce là raisonner ? Azor et moi, nous nous aimons, voilà qui est fini ; devenez beau tant qu'il vous plaira, que nous importe ? ce sera votre affaire ; la nôtre est arrêtée.

AZOR – Ils n'y comprendront jamais rien ; il faut être nous pour savoir ce qui en est.

MESROU – Comme vous voudrez.

AZOR – Mon amitié, c'est ma vie.

ÉGLÉ – Entendez-vous ce qu'il dit, sa vie ? comment me quitterait-il ? il faut bien qu'il vive, et moi aussi.

AZOR – Oui, ma vie ; comment est-il possible qu'on soit si belle, qu'on ait de si beaux regards, une si belle bouche, et tout si beau ?

ÉGLÉ – J'aime tant qu'il m'admire !

MESROU – Il est vrai qu'il vous adore.

AZOR – Ah ! que c'est bien dit, je l'adore ! Mesrou me comprend, je vous adore.

ÉGLÉ, *soupirant* – Adorez donc, mais donnez-moi le temps de respirer ; ah !

CARISE – Que de tendresse ! j'en suis enchantée moi-même ! Mais il n'y a qu'un moyen de la conserver, c'est de nous croire ; et si vous avez la sagesse de vous y déterminer, tenez, Églé, donnez ceci à Azor ; ce sera de quoi l'aider à supporter votre absence.

ÉGLÉ, *prenant un portrait que Carise lui donne* – Comment donc ! je me reconnais ; c'est encore moi, et bien mieux que dans les eaux du ruisseau ; c'est toute ma beauté ; c'est moi ; quel plaisir de se trouver partout ! Regardez, Azor, regardez mes charmes.

AZOR – Ah ! c'est Églé, c'est ma chère femme ; la voilà, sinon que la véritable est encore plus belle.

Il baise le portrait.

MESROU – Du moins cela la représente.

AZOR – Oui, cela la fait désirer.

Il le baise encore.

ÉGLÉ – Je n'y trouve qu'un défaut ; quand il le baise, ma copie a tout.

AZOR, *prenant sa main, qu'il baise* – Otons ce défaut-là.

ÉGLÉ – Ah çà, j'en veux autant pour m'amuser.

MESROU – Choisissez de son portrait ou du vôtre.

ÉGLÉ – Je les retiens tous deux.

MESROU – Oh ! il faut opter, s'il vous plaît ; je suis bien aise d'en garder un.

ÉGLÉ – Eh bien ! en ce cas-là je n'ai que faire de vous pour avoir Azor, car j'ai déjà son portrait dans mon esprit ; ainsi donnez-moi le mien, je les aurai tous deux.

CARISE – Le voilà d'une autre manière. Cela s'appelle un miroir ; il n'y a qu'à presser cet endroit pour l'ouvrir. Adieu, nous reviendrons vous trouver dans quelque temps ; mais, de grâce, songez aux petites absences.

Scène VII

Azor, Églé.

ÉGLÉ, *tâchant d'ouvrir la boîte* – Voyons ; je ne saurais l'ouvrir ; essayez, Azor ; c'est là qu'elle a dit de presser.

AZOR *l'ouvre et se regarde* – Bon ! ce n'est que moi, je pense ; c'est ma mine que le ruisseau d'ici près m'a montrée.

ÉGLÉ – Ah ! ah ! que je voie donc ! Eh ! point du tout, cher homme, c'est plus moi que jamais ; c'est réellement Églé, la véritable ; tenez, approchez.

AZOR – Eh ! oui, c'est vous ; attendez donc, c'est nous deux, c'est moitié l'un et moitié l'autre ; j'aimerais mieux que ce fût vous toute seule, car je m'empêche de vous voir tout entière.

ÉGLÉ – Ah ! je suis bien aise d'y voir un peu de vous aussi ; vous n'y gâtez rien ; avancez encore, tenez-vous bien.

AZOR – Nos visages vont se toucher, voilà qu'ils se touchent ; quel bonheur pour le mien ! quel ravissement !

ÉGLÉ – Je vous sens bien, et je le trouve bon.

AZOR – Si nos bouches s'approchaient.

Il lui prend un baiser.

ÉGLÉ, *en se retournant* – Oh ! vous nous dérangez ; à présent je ne vois plus que moi ; l'aimable invention qu'un miroir !

AZOR, *prenant le miroir d'Églé* – Ah ! le portrait est aussi une excellente chose.

Il le baise.

ÉGLÉ – Carise et Mesrou sont pourtant de bonnes gens.

AZOR – Ils ne veulent que notre bien ; j'allais vous parler d'eux et de ce conseil qu'ils nous ont donné.

ÉGLÉ – Sur ces absences, n'est-ce pas ? J'y rêvais aussi.

AZOR : Oui, mon Églé, leur prédiction me fait quelque peur ; je n'appréhende rien de ma part ; mais n'allez pas vous ennuyer de moi au moins, je serais désespéré.

ÉGLÉ : Prenez garde à vous-même, ne vous lassez pas de m'adorer ; en vérité, toute belle que je suis, votre peur m'effraie aussi.

AZOR : À merveille ! ce n'est pas à vous de trembler… À quoi rêvez-vous ?

ÉGLÉ : Allons, allons, tout bien examiné, mon parti est pris : donnons-nous du chagrin ; séparons-nous pour deux heures ; j'aime encore mieux votre cœur et son adoration que votre présence, qui m'est pourtant bien douce.

AZOR – Quoi ! nous quitter !

ÉGLÉ – Ah ! si vous ne me prenez pas au mot, tout à l'heure je ne le voudrai plus.

AZOR – Hélas ! le courage me manque.

ÉGLÉ – Tant pis, je vous déclare que le mien se passe.

AZOR, *pleurant* – Adieu, Églé, puisqu'il le faut.

ÉGLÉ – Vous pleurez ? eh bien : restez donc pourvu qu'il n'y ait point de danger.

AZOR – Mais s'il y en avait !

ÉGLÉ – Partez donc.

AZOR – Je m'enfuis.

Scène VIII

ÉGLÉ, *seule* – Ah ! il n'est plus, je suis seule, je n'entends plus sa voix, il n'y a plus que le miroir. *(Elle s'y regarde.)* J'ai eu tort de renvoyer mon homme ; Carise et Mesrou ne savent ce qu'ils disent. *(En se regardant.)* Si je m'étais mieux considérée, Azor ne serait point parti. Pour aimer toujours ce que je vois là, il n'avait pas besoin de l'absence… Allons, je vais m'asseoir près du ruisseau ; c'est encore un miroir de plus.

Scène IX

Églé, Adine.

ÉGLÉ – Mais que vois-je ? encore une autre personne !

ADINE – Ah ! ah ! qu'est-ce que c'est que ce nouvel objet-ci ?

Elle avance.

ÉGLÉ – Elle me considère avec attention, mais ne m'admire point ; ce n'est pas là un Azor. *(Elle se regarde dans son miroir.)* C'est encore moins une Églé… Je crois pourtant qu'elle se compare.

ADINE – Je ne sais que penser de cette figure-là, je ne sais ce qui lui manque ; elle a quelque chose d'insipide.

ÉGLÉ – Elle est d'une espèce qui ne me revient point.

ADINE – A-t-elle un langage ?… Voyons… Êtes-vous une personne ?

ÉGLÉ – Oui assurément, et très personne.

ADINE – Eh bien ! n'avez-vous rien à me dire ?

ÉGLÉ – Non ; d'ordinaire on me prévient, c'est à moi qu'on parle.

ADINE – Mais n'êtes-vous pas charmée de moi ?

ÉGLÉ – De vous ? C'est moi qui charme les autres.

ADINE – Quoi ! vous n'êtes pas bien aise de me voir ?

ÉGLÉ – Hélas ! ni bien aise ni fâchée ; qu'est-ce que cela me fait ?

ADINE – Voilà qui est particulier ! vous me considérez, je me montre, et vous ne sentez rien ! C'est que vous regardez ailleurs ; contemplez-moi un peu attentivement ; là, comment me trouvez-vous ?

ÉGLÉ – Mais qu'est-ce que c'est que vous ? Est-il question de vous ? Je vous dis que c'est d'abord moi qu'on voit, moi qu'on informe de ce qu'on pense ; voilà comme cela se pratique, et vous voulez que ce soit moi qui vous contemple, pendant que je suis présente !

ADINE – Sans doute ; c'est à la plus belle à attendre qu'on la remarque et qu'on s'étonne.

ÉGLÉ – Eh bien, étonnez-vous donc !

ADINE – Vous ne m'entendez donc pas ? on vous dit que c'est à la plus belle à attendre.

ÉGLÉ – On vous répond qu'elle attend.

ADINE – Mais si ce n'est pas moi, où est-elle ? Je suis pourtant l'admiration de trois personnes qui habitent dans le monde.

ÉGLÉ – Je ne connais pas vos personnes, mais je sais qu'il y en a trois que je ravis et qui me traitent de merveille.

ADINE – Et moi je sais que je suis si belle, si belle, que je me charme moi-même toutes les fois que je me regarde ; voyez ce que c'est.

ÉGLÉ – Que me contez-vous là ? Je ne me considère jamais que je ne sois enchantée, moi qui vous parle.

ADINE – Enchantée ! Il est vrai que vous êtes passable, et même assez gentille ; je vous rends justice, je ne suis pas comme vous.

ÉGLÉ, *à part* – Je la battrais de bon cœur avec sa justice.

ADINE – Mais de croire que vous pouvez entrer en dispute avec moi, c'est se moquer ; il n'y a qu'à voir.

ÉGLÉ – Mais c'est aussi en voyant, que je vous trouve assez laide.

ADINE – Bon ! c'est que vous me portez envie, et que vous vous empêchez de me trouver belle.

ÉGLÉ – Il n'y a que votre visage qui m'en empêche.

ADINE – Mon visage ! Oh ! je n'en suis pas en peine, car je l'ai vu ; allez demander ce qu'il en est aux eaux du ruisseau qui coule ; demandez-le à Mesrin qui m'adore.

ÉGLÉ – Les eaux du ruisseau, qui se moquent de vous, m'apprendront qu'il n'y a rien de si beau que moi, et elles me l'ont déjà appris ; je ne sais ce que c'est qu'un Mesrin, mais il ne vous regarderait pas s'il me voyait ; j'ai un Azor qui vaut mieux que lui, un Azor que j'aime, qui est presque aussi admirable que moi, et qui dit que je suis sa vie ; vous n'êtes la vie de personne, vous ; et puis j'ai un miroir qui achève de me confirmer tout ce que mon Azor et le ruisseau assurent ; y a-t-il rien de plus fort ?

ADINE, *en riant* – Un miroir ! vous avez aussi un miroir ! Eh ! à quoi vous sert-il ? À vous regarder ? ah! ah ! ah !

ÉGLÉ – Ah! ah ! ah !... n'ai-je pas deviné qu'elle me déplairait ?

ADINE, *en riant* – Tenez, en voilà un meilleur ; venez apprendre à vous connaître et à vous taire.

Carise paraît dans l'éloignement.

ÉGLÉ, *ironiquement* – Jetez les yeux sur celui-ci pour y savoir votre médiocrité, et la modestie qui vous est convenable avec moi.

ADINE – Passez votre chemin ; dès que vous refusez de prendre du plaisir à me considérer, vous ne m'êtes bonne à rien, je ne vous parle plus.

Elles ne se regardent plus.

ÉGLÉ – Et moi, j'ignore que vous êtes là.

Elles s'écartent.

ADINE, *à part* – Quelle folle !

ÉGLÉ, *à part* – Quelle visionnaire ! De quel monde cela sort-il ?

Scène X

Carise, Adine, Églée.

CARISE – Que faites-vous donc là toutes deux éloignées l'une de l'autre, et sans vous parler ?

ADINE, *riant* – C'est une nouvelle figure que j'ai rencontrée et que ma beauté désespère.

ÉGLÉ – Que diriez-vous de ce fade objet, de cette ridicule espèce de personne qui aspire à m'étonner, qui me demande ce que je sens en la voyant, qui veut que j'aie du plaisir à la voir, qui me dit : « Eh ! contemplez-moi donc ! eh ! comment me trouvez-vous ? » et qui prétend être aussi belle que moi !

ADINE – Je ne dis pas cela, je dis plus belle, comme cela se voit dans le miroir.

ÉGLÉ, *montrant le sien* – Mais qu'elle se voie donc dans celui-ci, si elle ose !

ADINE – Je ne lui demande qu'un coup d'œil dans le mien, qui est le véritable.

CARISE – Doucement, ne vous emportez point ; profitez plutôt du hasard qui vous a fait faire connaissance ensemble, unissons-nous tous, devenez compagnes, et joignez l'agrément de vous voir à la douceur d'être toutes deux adorées, Églé par l'aimable Azor qu'elle chérit, Adine par l'aimable Mesrin qu'elle aime ; allons, raccommodez-vous.

ÉGLÉ – Qu'elle se défasse donc de sa vision de beauté qui m'ennuie.

ADINE – Tenez, je sais le moyen de lui faire entendre raison ; je n'ai qu'à lui ôter son Azor dont je ne me soucie pas, mais rien que pour avoir la paix.

ÉGLÉ, *fâchée* – Où est son imbécile Mesrin ? Malheur à elle, si je le rencontre ! Adieu, je m'écarte ; car je ne saurais la souffrir.

ADINE – Ah ! ah ! ah !... mon mérite est son aversion.

ÉGLÉ, *se retournant* – Ah ! ah ! ah ! quelle grimace !

Scène XI

Adine, Carise.

CARISE – Allons, laissez-la dire.

ADINE – Vraiment, bien entendu ; elle me fait pitié.

CARISE – Sortons d'ici ; voilà l'heure de votre leçon de musique, je ne pourrai pas vous la donner si vous tardez.

ADINE – Je vous suis, mais j'aperçois Mesrin ; je n'ai qu'un mot à lui dire.

CARISE – Vous venez de le quitter.

ADINE – Je ne serai qu'un moment en passant.

Scène XII

Mesrin, Carise, Adine.

ADINE *appelle* – Mesrin !

MESRIN, *accourant* – Quoi ! c'est vous, c'est mon Adine qui est revenue ! que j'ai de joie ! que j'étais impatient !

ADINE – Eh ! non, retenez votre joie ; je ne suis pas revenue, je m'en retourne ; ce n'est que par hasard que je suis ici.

MESRIN – Il fallait donc y être avec moi par hasard.

ADINE – Ecoutez, écoutez ce qui vient de m'arriver.

CARISE – Abrégez, car j'ai autre chose à faire.

ADINE – J'ai fait. *(À Mesrin.)* Je suis belle, n'est-ce pas ?

MESRIN – Belle ! si vous êtes belle ?

ADINE – Il n'hésite pas, lui ; il dit ce qu'il voit.

MESRIN – Si vous êtes divine, la beauté même ?

ADINE – Eh ! oui, je n'en doute pas ; et cependant, vous, Carise et moi, nous nous trompons ; je suis laide.

MESRIN – Mon Adine !

ADINE – Elle-même ; en vous quittant, j'ai trouvé une nouvelle personne qui est d'un autre monde, et qui, au lieu d'être étonnée de moi, d'être transportée comme vous l'êtes et comme elle devrait l'être, voulait au contraire que je fusse charmée d'elle, et, sur le refus que j'en ai fait, m'a accusée d'être laide…

MESRIN – Vous me mettez d'une colère !

ADINE – M'a soutenu que vous me quitteriez quand vous l'auriez vue.

CARISE – C'est qu'elle était fâchée.

MESRIN – Mais… est-ce bien une personne ?

ADINE – Elle dit que oui, et elle en paraît une, à peu près.

CARISE – C'en est aussi une.

ADINE – Elle reviendra sans doute, et je veux absolument que vous la méprisiez ; quand vous la trouverez, je veux qu'elle vous fasse peur.

MESRIN – Elle doit être horrible ?

ADINE – Elle s'appelle… attendez, elle s'appelle…

CARISE – Églé.

ADINE – Oui, c'est une Églé. Voici à présent comment elle est faite : c'est un visage fâché, renfrogné, qui n'est pas noir comme celui de Carise, qui n'est pas blanc comme le mien non plus ; c'est une couleur qu'on ne peut pas bien dire.

MESRIN – Et qui ne plaît pas ?

ADINE – Oh ! point du tout, couleur indifférente ; elle a des yeux, comment vous dirai-je ? des yeux qui ne font pas plaisir, qui regardent, voilà tout ; une bouche qui lui sert à parler ; une figure toute droite, et qui serait pourtant à peu près comme la nôtre, si elle était bien faite ; elle a des mains qui vont et qui viennent, des doigts longs et maigres, je pense ; avec une voix rude et aigre ; oh ! vous la reconnaîtrez bien.

MESRIN – Il me semble que je la vois ; laissez-moi faire : il faut la renvoyer dans un autre monde, après que je l'aurai bien mortifiée.

ADINE – Bien humiliée, bien désolée.

MESRIN – Et bien moquée, oh ! ne vous embarrassez pas, et donnez-moi cette main.

ADINE – Eh ! prenez-la ; c'est pour vous que je l'ai.

Mesrin baise sa main.

CARISE – Allons, tout est dit ; partons.

ADINE – Quand il aura achevé de baiser ma main.

CARISE – Laissez-la donc, Mesrin ; je suis pressée.

ADINE – Adieu tout ce que j'aime, je ne serai pas longtemps ; songez à ma vengeance.

MESRIN – Adieu tout mon charme ! Je suis furieux.

Scène XIII

Mesrin, Azor.

MESRIN, *les premiers mots seul, répétant le portrait* – Une couleur ni noire ni blanche, une figure toute droite, une bouche qui parle… où pourrais-je la trouver ? *(Voyant Azor.)* Mais j'aperçois quelqu'un ; c'est une personne comme moi ; serait-ce Églé ? Non, car elle n'est point difforme.

AZOR, *le considérant* – Vous êtes pareille à moi, ce me semble ?

MESRIN – C'est ce que je pensais.

AZOR – Vous êtes donc un homme ?

MESRIN – On m'a dit que oui.

AZOR – On m'en a dit de moi tout autant.

MESRIN – On vous a dit ? est-ce que vous connaissez des personnes ?

AZOR – Oh ! oui, je les connais toutes, deux noires et une blanche.

MESRIN – Moi, c'est la même chose ; d'où venez-vous ?

AZOR – Du monde.

MESRIN – Est-ce du mien ?

AZOR – Ah ! je n'en sais rien, car il y en a tant !

MESRIN – Qu'importe ? votre mine me convient ; mettez votre main dans la mienne, il faut nous aimer.

AZOR – Oui-da, vous me réjouissez ; je me plais à vous voir sans que vous ayez des charmes.

MESRIN – Ni vous non plus ; je ne me soucie pas de vous, sinon que vous êtes bonhomme.

AZOR – Voilà ce que c'est ; je vous trouve de même, un bon camarade ; moi un autre bon camarade ; je me moque du visage.

MESRIN – Eh ! quoi donc ! c'est par la bonne humeur que je vous regarde. À propos, prenez-vous vos repas ?

AZOR – Tous les jours.

MESRIN – Eh bien ! je les prends aussi ; prenons-les ensemble pour notre divertissement, afin de nous tenir gaillards ; allons, ce sera pour tantôt : nous rirons, nous sauterons, n'est-il pas vrai ? J'en saute déjà.

Il saute.

AZOR *(Il saute aussi.)* – Moi de même, et nous serons deux, peut-être quatre, car je le dirai à ma blanche qui a un visage, il faut voir ! ah ! ah ! c'est elle qui en a un qui vaut mieux que nous deux.

MESRIN – Oh ! je le crois, camarade ; car vous n'êtes rien du tout, ni moi non plus, auprès d'une autre mine que je connais, que nous mettrons avec nous, qui me transporte, et qui a des mains si douces, si blanches, qu'elle me laisse tant baiser !

AZOR – Des mains, camarade ? Est-ce que ma blanche n'en a pas aussi qui sont célestes, et que je caresse tant qu'il me plaît ? Je les attends.

MESRIN – Tant mieux ; je viens de quitter les miennes, et il faut que je vous quitte aussi pour une petite affaire. Restez ici jusqu'à ce que je revienne avec mon Adine, et sautons encore pour nous réjouir de l'heureuse rencontre. *(Ils sautent tous deux en riant.)* Ah ! ah ! ah !

Scène XIV

Azor, Mesrin, Églé.

ÉGLÉ, *s'approchant* – Qu'est-ce que c'est que cela qui plaît tant ?

MESRIN, *la voyant* – Ah ! le bel objet qui nous écoute !

AZOR – C'est ma blanche, c'est Églé.

MESRIN, *à part* – Églé, c'est là ce visage fâché ?

AZOR – Ah ! que je suis heureux !

ÉGLÉ, *s'approchant* – C'est donc un nouvel ami qui nous a apparu tout d'un coup ?

AZOR – Oui, c'est un camarade que j'ai fait, qui s'appelle homme, et qui arrive d'un monde ici près.

MESRIN – Ah ! qu'on a de plaisir dans celui-ci !

ÉGLÉ – En avez-vous plus que dans le vôtre ?

MESRIN – Oh ! je vous en assure.

ÉGLÉ – Eh bien ! l'homme, il n'y a qu'à y rester.

AZOR – C'est ce que nous disions, car il est tout à fait bon et joyeux ; je l'aime, non pas comme j'aime ma ravissante Églé que j'adore, au lieu qu'à lui je n'y prends pas seulement garde ; il n'y a que sa compagnie que je cherche pour parler de vous, de votre bouche, de vos yeux, de vos mains, après qui je languissais.

Il lui baise une main.

MESRIN *lui prend l'autre main* – Je vais donc prendre l'autre.

Il baise cette main, Églé rit, et ne dit mot.

AZOR, *lui reprenant cette main* – Oh ! doucement ; ce n'est pas ici votre blanche, c'est la mienne ; ces deux mains sont à moi, vous n'y avez rien.

ÉGLÉ – Ah ! il n'y a pas de mal ; mais à propos, allez-vous-en, Azor ; vous savez bien que l'absence est nécessaire ; il n'y a pas assez longtemps que la nôtre dure.

AZOR – Comment ! il y a je ne sais combien d'heures que je ne vous ai vue.

ÉGLÉ – Vous vous trompez ; il n'y a pas assez longtemps, vous dis-je ; je sais bien compter ; et ce que j'ai résolu je le veux tenir.

AZOR – Mais vous allez rester seule.

ÉGLÉ – Eh bien ! je m'en contenterai.

MESRIN – Ne la chagrinez pas, camarade.

AZOR – Je crois que vous vous fâchez contre moi.

ÉGLÉ – Pourquoi m'obstinez-vous[1] ? Ne vous a-t-on pas dit qu'il n'y a rien de si dangereux que de nous voir ?

AZOR – Ce n'est peut-être pas la vérité.

ÉGLÉ – Et moi, je me doute que ce n'est pas un mensonge.

Carise paraît dans l'éloignement et écoute.

AZOR – Je pars donc pour vous complaire, mais je serai bientôt de retour ; allons, camarade, qui avez affaire, venez avec moi pour m'aider à passer le temps.

MESRIN – Oui, mais…

ÉGLÉ, *souriant* – Quoi ?

MESRIN – C'est qu'il y a longtemps que je me promène.

ÉGLÉ – Il faut qu'il se repose.

MESRIN – Et j'aurais empêché que la belle femme ne s'ennuyât.

ÉGLÉ – Oui, il empêcherait.

AZOR – N'a-t-elle pas dit qu'elle voulait être seule ? Sans cela, je la désennuierais encore mieux que vous. Partons !

ÉGLÉ, *à part et avec dépit* – Partons !

Scène XV

Carise, Églé.

CARISE *approche et regarde Églé qui rêve* – A quoi rêvez-vous donc ?

ÉGLÉ – Je rêve que je ne suis pas de bonne humeur.

CARISE – Avez-vous du chagrin ?

ÉGLÉ – Ce n'est pas du chagrin non plus, c'est de l'embarras d'esprit.

---

1. Me contredisez-vous ?

CARISE – D'où vient-il ?

ÉGLÉ – Vous nous disiez tantôt qu'en fait d'amitié on ne sait ce qui peut arriver ?

CARISE – Il est vrai.

ÉGLÉ – Eh bien ! je ne sais ce qui m'arrive.

CARISE – Mais qu'avez-vous ?

ÉGLÉ – Il me semble que je suis fâchée contre moi, que je suis fâchée contre Azor ; je ne sais à qui j'en ai.

CARISE – Pourquoi fâchée contre vous ?

ÉGLÉ – C'est que j'ai dessein d'aimer toujours Azor, et j'ai peur d'y manquer.

CARISE – Serait-il possible ?

ÉGLÉ – Oui, j'en veux à Azor, parce que ses manières en sont cause.

CARISE – Je soupçonne que vous lui cherchez querelle.

ÉGLÉ – Vous n'avez qu'à me répondre toujours de même, je serai bientôt fâchée contre vous aussi.

CARISE – Vous êtes en effet de bien mauvaise humeur ; mais que vous a fait Azor ?

ÉGLÉ – Ce qu'il m'a fait ? Nous convenons de nous séparer : il part, il revient sur-le-champ, il voudrait toujours être là ; à la fin, ce que vous lui avez prédit lui arrivera.

CARISE – Quoi ? vous cesserez de l'aimer ?

ÉGLÉ – Sans doute ; si le plaisir de se voir s'en va quand on le prend trop souvent, est-ce ma faute à moi ?

CARISE – Vous nous avez soutenu que cela ne se pouvait pas.

ÉGLÉ – Ne me chicanez donc pas ; que savais-je ? Je l'ai soutenu par ignorance.

CARISE – Églé, ce ne peut pas être son trop d'empressement à vous voir qui lui nuit auprès de vous ; il n'y a pas assez longtemps que vous le connaissez.

ÉGLÉ – Pas mal de temps ; nous avons déjà eu trois conversations ensemble, et apparemment que la longueur des entretiens est contraire.

CARISE – Vous ne dites pas son véritable tort, encore une fois.

ÉGLÉ – Oh ! il en a encore un et même deux, il en a je ne sais combien ; premièrement, il m'a contrariée ; car mes mains sont à moi, je pense, elles m'appartiennent, et il défend qu'on les baise !

CARISE – Et qui est-ce qui a voulu les baiser ?

ÉGLÉ – Un camarade qu'il a découvert tout nouvellement, et qui s'appelle homme.

CARISE – Et qui est aimable ?

ÉGLÉ – Oh ! charmant, plus doux qu'Azor, et qui proposait aussi de demeurer pour me tenir compagnie ; et ce fantasque d'Azor ne lui a permis ni la main, ni la compagnie, l'a querellé, l'a emmené brusquement sans consulter mon désir. Ah ! ah ! je ne suis donc pas la maîtresse ? il ne se fie donc pas à moi ? il a donc peur qu'on ne m'aime ?

CARISE – Non, mais il craint que son camarade ne vous plût.

ÉGLÉ – Eh bien ! il n'a qu'à me plaire davantage ; car s'il est question d'être aimée, je suis bien aise de l'être, je le déclare, et au lieu d'un camarade, en eût-il cent, je voudrais qu'ils m'aimassent tous ; c'est mon plaisir ; il veut que ma beauté soit pour lui tout seul, et moi je prétends qu'elle soit pour tout le monde.

CARISE – Tenez, votre dégoût pour Azor ne vient pas de tout ce que vous dites là, mais de ce que vous aimez mieux à présent son camarade que lui.

ÉGLÉ – Croyez-vous ? Vous pourriez bien avoir raison.

CARISE – Eh ! dites-moi, ne rougissez-vous pas un peu de votre inconstance ?

ÉGLÉ – Il me paraît que oui ; mon accident me fait honte ; j'ai encore cette ignorance-là.

CARISE – Ce n'en est pas une ; vous aviez tant promis de l'aimer constamment !

ÉGLÉ – Attendez, quand je l'ai promis, il n'y avait que lui ; il fallait donc qu'il restât seul ; le camarade n'était pas de mon compte.

CARISE – Avouez que ces raisons-là ne sont point bonnes ; vous les aviez tantôt réfutées d'avance.

ÉGLÉ – Il est vrai que je ne les estime pas beaucoup ; il y en a pourtant une excellente, c'est que le camarade vaut mieux qu'Azor.

CARISE – Vous vous méprenez encore là-dessus ; ce n'est pas qu'il vaille mieux, c'est qu'il a l'avantage d'être nouveau venu.

ÉGLÉ – Mais cet avantage-là est considérable ; n'est-ce rien que d'être un autre ? Cela est fort joli, au moins ; ce sont des perfections qu'Azor n'a pas.

CARISE – Ajoutez que ce nouveau venu vous aimera.

ÉGLÉ – Justement, il m'aimera, je l'espère ; il a encore cette qualité-là.

CARISE – Au lieu qu'Azor n'en est pas à vous aimer.

ÉGLÉ – Eh ! non ; car il m'aime déjà.

CARISE – Quels étranges motifs de changement ! Je gagerais bien que vous n'en êtes pas contente.

ÉGLÉ – Je ne suis contente de rien : d'un côté, le changement me fait peine, de l'autre, il me fait plaisir ; je ne puis pas plus empêcher l'un que l'autre ; ils sont tous deux de conséquence ; auquel des deux suis-je le plus obligée ? Faut-il me faire de la peine ? Faut-il me faire du plaisir ? Je vous défie de le dire.

CARISE – Consultez votre bon cœur ; vous sentirez qu'il condamne votre inconstance.

ÉGLÉ – Vous n'écoutez donc pas ? Mon bon cœur le condamne, mon bon cœur l'approuve ; il dit oui, il dit non ; il est de deux avis : il n'y a donc qu'à choisir le plus commode.

CARISE – Savez-vous le parti qu'il faut prendre ? C'est de fuir le camarade d'Azor ; allons, venez ; vous n'aurez pas la peine de combattre.

ÉGLÉ, *voyant venir Mesrin* – Oui, mais nous fuyons bien tard : voilà le combat qui vient, le camarade arrive.

CARISE – N'importe, efforcez-vous, courage ! ne le regardez pas.

Scène XVI

Mesrou, Mesrin, Églé, Carise.

MESROU, *de loin, voulant retenir Mesrin, qui se dégage* – Il s'échappe de moi, il veut être inconstant ; empêchez-le d'approcher.

CARISE, *à Mesrin* – N'avancez pas.

MESRIN – Pourquoi ?

CARISE – C'est que je vous le défends ; Mesrou et moi, nous devons avoir quelque autorité sur vous ; nous sommes vos maîtres.

MESRIN, *se révoltant* – Mes maîtres ? Qu'est-ce que c'est qu'un maître ?

CARISE – Eh bien ! je ne vous le commande plus, je vous en prie, et la belle Églé joint sa prière à la mienne.

ÉGLÉ – Moi ! point du tout, je ne joins point de prière.

CARISE, *à Églé, à part* – Retirons-nous ; vous n'êtes pas encore sûre qu'il vous aime.

ÉGLÉ – Oh ! je n'espère pas le contraire ; il n'y a qu'à lui demander ce qui en est. Que souhaitez-vous, le joli camarade ?

MESRIN – Vous voir, vous contempler, vous admirer, vous appeler « mon âme ».

ÉGLÉ – Vous voyez bien qu'il parle de son âme ; est-ce que vous m'aimez ?

MESRIN – Comme un perdu.

ÉGLÉ – Ne l'avais-je pas bien dit ?

MESRIN – M'aimez-vous aussi ?

ÉGLÉ – Je voudrais bien m'en dispenser si je le pouvais, à cause d'Azor qui compte sur moi.

MESROU – Mesrin, imitez Églé ; ne soyez point infidèle.

ÉGLÉ – Mesrin ! l'homme s'appelle Mesrin !

MESRIN – Eh ! oui.

ÉGLÉ – L'ami d'Adine ?

MESRIN – C'est moi qui l'étais, et qui n'ai plus besoin de son portrait.

ÉGLÉ *le prend* – Son portrait et l'ami d'Adine ! il a encore ce mérite-là ; ah ! ah ! Carise, voilà trop de qualités, il n'y a pas moyen de résister ; Mesrin, venez que je vous aime.

MESRIN – Ah ! délicieuse main que je possède !

ÉGLÉ – L'incomparable ami que je gagne !

MESROU – Pourquoi quitter Adine ? avez-vous à vous plaindre d'elle ?

MESRIN – Non, c'est ce beau visage-là qui veut que je la laisse.

ÉGLÉ – C'est qu'il a des yeux, voilà tout.

MESRIN – Oh ! pour infidèle je le suis, mais je n'y saurais que faire.

ÉGLÉ – Oui, je l'y contrains ; nous nous contraignons tous deux.

CARISE – Azor et elle vont être au désespoir.

MESRIN – Tant pis.

ÉGLÉ – Quel remède ?

CARISE – Si vous voulez, je sais le moyen de faire cesser leur affliction avec leur tendresse.

MESRIN – Eh bien ! faites.

ÉGLÉ – Eh ! non, je serai bien aise qu'Azor me regrette, moi ; ma beauté le mérite ; il n'y a pas de mal aussi qu'Adine soupire un peu, pour lui apprendre à se méconnaître.

Scène XVII

Mesrin, Églé, Carise, Azor, Mesrou.

MESROU – Voici Azor.

MESRIN – Le camarade m'embarrasse, il va être bien étonné.

CARISE : À sa contenance, on dirait qu'il devine le tort que vous lui faites.

ÉGLÉ – Oui, il est triste ; ah ! il y a bien de quoi. *(Azor s'avance honteux ; elle continue.)* Etes-vous bien fâché, Azor ?

AZOR – Oui, Églé.

ÉGLÉ – Beaucoup ?

AZOR – Assurément.

ÉGLÉ – Il y paraît ; eh ! comment savez-vous que j'aime Mesrin ?

AZOR, *étonné* – Comment ?

MESRIN – Oui, camarade.

AZOR – Églé vous aime ! elle ne se soucie plus de moi ?

ÉGLÉ – Il est vrai.

AZOR, *gai* – Eh ! tant mieux ; continuez, je ne me soucie plus de vous non plus ; attendez-moi, je reviens.

ÉGLÉ – Arrêtez donc, que voulez-vous dire ? Vous ne m'aimez plus ? qu'est-ce que cela signifie ?

AZOR, *en s'en allant* – Tout à l'heure vous saurez le reste.

Scène XVIII

Mesrou, Églé, Carise, Mesrin.

MESRIN – Vous le rappelez, je pense ; eh ! d'où vient ? Qu'avez-vous affaire à lui, puisque vous m'aimez ?

ÉGLÉ – Eh ! laissez-moi faire ; je ne vous en aimerai que mieux, si je puis le ravoir ; c'est seulement que je ne veux rien perdre.

CARISE ET MESROU, *riant* – Eh ! eh ! eh ! eh !

ÉGLÉ – Le beau sujet de rire !

Scène XIX

Mesrou, Carise, Églé, Mesrin, Adine, Azor.

ADINE, *riant* – Bonjour, la belle Églé ! quand vous voudrez vous voir, adressez-vous à moi ; j'ai votre portrait, on me l'a cédé.

ÉGLÉ, *lui jetant le sien* – Tenez, je vous rends le vôtre, qui ne vaut pas la peine que je le garde.

ADINE – Comment ! Mesrin, mon portrait ! Et comment l'a-t-elle ?

MESRIN – C'est que je l'ai donné.

ÉGLÉ – Allons, Azor, venez que je vous parle.

MESRIN – Que vous lui parliez ! Et moi ?

ADINE – Passez ici, Mesrin ; que faites-vous là ? Vous extravaguez, je pense.

Scène XX

Le Prince, Hermiane, Mesrou, Carise, Mesrin, Églé, Azor, Adine, Meslis, Dina.

HERMIANE, *entrant avec vivacité* – Non, laissez-moi, Prince ; je n'en veux pas voir davantage ; cette Adine et cette Églé me sont insupportables ; il faut que le sort soit tombé sur ce qu'il y aura jamais de plus haïssable parmi mon sexe.

ÉGLÉ – Qu'est-ce que c'est que toutes ces figures-là, qui arrivent en grondant ? Je me sauve.

Ils veulent fuir.

CARISE – Demeurez tous, n'ayez point de peur ; voici de nouveaux camarades qui viennent ; ne les épouvantez point et voyons ce qu'ils pensent.

MESLIS, *s'arrêtant au milieu du théâtre* – Ah ! chère Dina, que de personnes !

DINA – Oui, mais nous n'avons que faire d'elles.

MESLIS – Sans doute, il n'y en a pas une qui vous ressemble. Ah ! c'est vous, Carise et Mesrou ; tout cela est-il hommes ou femmes ?

CARISE – Il y a autant de femmes que d'hommes ; voilà les unes, et voici les autres ; voyez, Meslis, si parmi les femmes vous n'en verriez pas quelqu'une qui vous plairait encore plus que Dina ; on vous la donnerait.

ÉGLÉ – J'aimerais bien son amitié.

MESLIS – Ne l'aimez point, car vous ne l'aurez pas.

CARISE – Choisissez-en une autre.

MESLIS – Je vous remercie, elles ne me déplaisent point, mais je ne me soucie pas d'elles, il n'y a qu'une Dina dans le monde.

DINA, *jetant son bras sur le sien* – Que c'est bien dit !

CARISE – Et vous, Dina, examinez.

DINA, *le prenant par dessous le bras* – Tout est vu ; allons-nous-en.

HERMIANE – L'aimable enfant ! je me charge de sa fortune.

LE PRINCE – Et moi de celle de Meslis.

DINA – Nous avons assez de nous deux.

LE PRINCE – On ne vous séparera pas ; allez, Carise, qu'on les mette à part, et qu'on place les autres suivant mes ordres. *(À Hermiane.)* Les deux sexes n'ont rien à se reprocher, Madame : vices et vertus, tout est égal entre eux.

HERMIANE – Ah ! je vous prie, mettez-y quelque différence : votre sexe est d'une perfidie horrible ; il change à propos de rien, sans chercher même de prétexte.

LE PRINCE – Je l'avoue, le procédé du vôtre est du moins plus hypocrite, et par là plus décent ; il fait plus de façon avec sa conscience que le nôtre.

HERMIANE – Croyez-moi, nous n'avons pas lieu de plaisanter. Partons.

L'assemblée au salon, par Lawreince. © Ph. Bibl. Nat. Paris.

I. STATUT DU DISCOURS : DE LA DISPUTE À L'ORDALIE

Conversation de salon et expérience scientifique

La Dispute est sans doute une des pièces de Marivaux qui s'inscrit le plus directement dans le milieu littéraire et précieux que fréquentait l'auteur comme tant d'autres de ses contemporains écrivains, philosophes ou savants, tels Marmontel, Diderot ou d'Alembert. La pièce s'ouvre sur un entretien qui n'est autre que le prolongement d'une conversation de salon à laquelle ont participé la veille au soir Hermiane et le Prince. Ces deux personnages, aux discours galants et raffinés, semblent tout droit sortis de ces salons mondains où aime à se retrouver la bonne société pour débattre de philosophie.

Au moment où Marivaux écrit sa pièce, en 1744, ces coteries sont de plus en plus à la mode, car depuis la mort du cardinal Fleury, Louis XV ne refuse rien à Madame de

Repères

LE SIÈCLE DES LUMIÈRES

La mort de Louis XIV en 1715 est accueillie avec soulagement par la cour. Finies les années d'austérité et de rigueur classique, on rouvre les théâtres, on rappelle les comédiens italiens, on donne des fêtes, on s'adonne aux plaisirs les plus raffinés. Récits de voyage, découvertes scientifiques nourrissent les conversations ; saveurs nouvelles et horizons inconnus alimentent l'imagination. En se libérant des dogmes religieux, la société du XVIIIe siècle veut s'ouvrir au savoir et débattre de tout.

Pompadour qui se pique de bel esprit ; il s'entoure d'hommes de lettres et de science, participe aux grandes controverses qui agitent la vie intellectuelle. La société galante de ces cercles littéraires se lance volontiers dans des débats philosophiques et libertins des plus inextricables : la dispute qui attise l'esprit de nos deux personnages en est la parfaite illustration. Qui porte sur lui la responsabilité du péché originel de l'infidélité ? Qui a le premier fauté par inconstance ? Est-ce l'homme ? Est-ce la femme ? Le Prince se fait fort de lever le mystère…

Belles conversations, fêtes, ballets, théâtre sont les divertissements favoris de cette société raffinée et poudrée dont Watteau a si bien immortalisé les plaisirs fugaces dans ses peintures. Le sujet, comme la situation de la pièce, s'inscrit parfaitement dans ce contexte libertin. Où le Prince entraîne-t-il Hermiane ? Peut-être vers Cythère… cette île pour laquelle il est à la mode de s'embarquer, cette île où la société précieuse du XVIIIe siècle aime à accomplir de tendres pèlerinages imaginaires. Et rien ne manque à cet échantillon de la société galante, même pas les négrillons dont on s'entoure pour mieux faire valoir la pâleur de son teint.

Repères

LIBERTINS ET LIBERTINAGE

Le terme apparaît au XVIIe siècle, tout empreint d'une valeur péjorative, pour désigner avec mépris la licence des mœurs qui régnait à la cour et à laquelle se livrait une jeunesse dorée proche du pouvoir. Cette aristocratie débauchée arborait un non-conformisme nourri de scepticisme et d'incrédulité, qui puisait sa morale nouvelle dans les philosophies antiques remises à l'honneur par les humanistes de la Renaissance – l'épicurisme notamment.

C'est pourquoi la morale libertine se double d'une liberté de pensée, autrement dit d'un goût pour l'indépendance d'esprit, la raison, la tolérance, la modération... et d'un rejet de tout dogmatisme ou fanatisme. Ce libertinage, pétri de rationalisme et dangereux pour l'ordre établi, se développe au cours du siècle, plus ou moins clandestinement, dans les salons littéraires à travers des personnalités comme Sorel, Gassendi, Vauquelin, La Mothe Le Vayer ; et trouvera finalement son image emblématique dans le personnage de Dom Juan, si bien immortalisé par Molière.

Après avoir souffert de l'austérité qui fondit sur Versailles dans les dernières années du grand règne, le courant libertin fut relancé avec brio par l'effervescence intellectuelle que connurent la Régence et le règne de Louis XV.

Mais à la fin du XVIIIe siècle, face à la faillite de l'idéal aristocratique et des valeurs nobiliaires, le libertinage se teinte de cynisme et de perversité (*Les Liaisons dangereuses* de Laclos, 1782 ; *Les Prospérités des vices, Justine ou les Malheurs de la vertu* de Sade, 1797). Le libertinage n'est plus l'expression de l'insouciance de l'aristocratie, mais représente le dernier apanage dérisoire d'une noblesse définitivement écartée du pouvoir.

Mais la fête qu'a promise le Prince à Hermiane ne sera pas un divertissement ordinaire, ce sera « un spectacle très curieux ». En effet, en ce siècle où s'affirment l'esprit scientifique et la raison expérimentale, tout salon littéraire a son « cabinet de physique ». Comme en ont donné l'exemple Voltaire et Mme du Châtelet, les conversations philosophiques ne se conçoivent guère sans expériences scientifiques ; il faut laisser parler la nature, elle a aussi son mot à dire... C'est pourquoi le Prince lui donne la parole : « C'est la nature elle-même que nous allons interroger, il n'y a qu'elle qui puisse décider la question sans réplique ». La nature aura donc le dernier mot et la dispute fait place à l'ordalie.

Repères

LES SALONS DU XVIIIe SIÈCLE

Les salons littéraires expriment bien le goût du siècle pour le débat intellectuel. Ces hauts lieux de la conversation mondaine sont tenus par des dames de l'aristocratie qui aiment à s'entourer d'hommes en vue, philosophes, scientifiques ou politiques. Elles orchestrent de véritables joutes philosophiques, où la polémique s'enflamme pour le plus grand plaisir des hôtes. L'agrément d'un salon tient au talent et à la magie de son hôtesse pour animer la discussion. C'est ainsi que Marmontel fait l'éloge dans ses *Mémoires* de Mlle de Lespinasse qui accueillait chez elle des figures aussi importantes que Turgot, Condillac ou d'Alembert, et voit en elle une véritable fée de la conversation.

Marivaux lui-même a beaucoup fréquenté le salon de la Marquise de Lambert sous la Régence. Elle réunissait une société spirituelle qui prisait les conversations badines et légères sans être libertines. On pouvait y rencontrer Fontenelle ou Montesquieu. Après 1740, Marivaux devient l'adepte d'un salon plus littéraire, celui de Madame de Tencin où l'on trouvait surtout des écrivains, puis celui de Madame du Deffand qui attirait beaucoup des hommes influents de la cour de Louis XV.

Les foyers de débats intellectuels au XVIIIe siècle, ce sont aussi les « clubs » à l'anglaise comme celui de l'Entresol place Vendôme, créé par l'abbé Alary, ou encore les salons de dégustation où l'on découvre le moka, tels le café Procope, le Régence, le Gradot ou le Laurent. Lieux publics, les cafés accueillent des débats souvent emportés, qui n'ont pas la retenue de mise dans les salons mondains et qui peuvent facilement tourner à la bagarre, comme celle qu'évoque avec humour Montesquieu dans les *Lettres Persanes*. Ces cafés deviennent très à la mode, mais ils ne sont guère fréquentables par les dames de la haute société, aussi s'amusent-elles comme Madame d'Épinay à « tenir café » chez elles, dans leur propre salon...

Salons, clubs ou cafés, ce sont dans ces creusets où bouillonnent les idées, où fusent les pointes d'ironie et les bons mots, que se forme peu à peu l'esprit philosophique et que les écrivains des Lumières puisent leur inspiration et leur style. C'est pour animer le salon de la Duchesse du Maine que Voltaire écrit ses premiers contes philosophiques. Le goût de Diderot pour le dialogue, qui s'illustre dans la plupart de ses œuvres, en témoigne également. Marivaux quant à lui n'a-t-il pas copié ces répliques badines, qui développent toutes les subtilités du langage et qui font la délicatesse de ses comédies, sur les belles conversations du salon de la Marquise de Lambert ?

❑ Spectacle, science ou magie ?

La frontière entre science et alchimie n'est pas encore très nette au XVIIIe siècle. Le comte de Saint-Germain fascine la cour de Louis XV en racontant ses vies successives, on lui prête des pouvoirs magiques et des dons de sorcellerie. Les cercles de lettrés ne dédaignent pas l'atmosphère occulte des sociétés secrètes : l'imagination des âmes sensibles se laisse embraser, non sans volupté, par le mystère des rites martinistes ou des cérémonies d'initiation maçonniques.

Or le prologue installe bien cette ambiance mystérieuse. Le Prince semble avoir entraîné Hermiane dans un lieu retiré et inconnu qui ne la rassure guère : « Où allons-nous, Seigneur, voici le lieu du monde le plus sauvage et le plus solitaire ».

Prolongements

La plupart des pièces de Marivaux jouent sur le principe de la mise à l'épreuve. Il s'agit d'éprouver la solidité ou la sincérité des sentiments, et souvent d'expérimenter pour connaître et pour comprendre.

1. ***Choisissez deux ou trois pièces de Marivaux, par exemple :*** **La Double Inconstance, Le Jeu de l'amour et du hasard, L'Épreuve, L'Île des esclaves...** ***et analysez l'épreuve qui s'y déroule. Comment s'opère-t-elle ? Qui l'exerce ? Qui la subit ? Pourquoi ?***

2. ***Montrez en quoi la mise à l'épreuve représente le véritable ressort qui garantit la tension dramatique de la pièce.***

3. ***Montrez en quoi le principe de mise à l'épreuve pousse le public à ne pas être simple spectateur.***

4. ***Pourquoi ce principe de la mise à l'épreuve représente-t-il bien l'esprit des Lumières ?***

Hermiane fait figure de profane, la plupart de ses répliques sont des questions qui traduisent son incompréhension et son trouble :

> Je n'y comprends rien ; qu'est-ce que cette maison où vous me faites entrer, et qui forme un édifice singulier ? Que signifie la hauteur prodigieuse des différents murs qui l'environnent : où me menez-vous ?

Le Prince en revanche joue le rôle de l'initiateur ; cet édifice singulier aux murs vertigineux, est-ce un théâtre, un cloître, une prison ou un temple... ? Cette situation n'est pas sans faire penser à un rituel d'introduction au sein d'une société secrète, d'autant que l'expérience que propose le Prince paraît des plus ésotériques ; ne s'agit-il pas de reconstituer l'origine de l'humanité, d'assister « au commencement du monde et de la société » ?

En outre les maîtres de cérémonie, Carise et Mesrou, sont noirs et pour les mentalités de l'époque ils ont, dans un tel contexte, davantage l'allure de sorciers que de savants. La présence de personnages noirs dans une pièce de théâtre en plein XVIIIe siècle a quelque chose de spectaculaire et surtout d'incongru, d'autant que Carise et Mesrou ne sont ni des figurants passifs et muets, ni des bouffons, ils occupent au contraire un rôle déterminant pour l'action. Même s'ils apportent une de ces touches d'exotisme si chères aux compositions picturales du siècle, ces personnages contribuent eux aussi à installer une atmosphère mystérieuse.

❑ Preuve, mise à l'épreuve ou stratagème amoureux ?

> Les hommes et les femmes de ce temps-là, le monde et ses premières amours vont reparaître à nos yeux tels qu'ils étaient, ou du moins tels qu'ils ont dû être. (scène 1)

Est-ce un tour de magie que se prépare à offrir le Prince ? Va-t-il, tel Merlin, faire apparaître les images des premiers âges par enchantement ? Non... le Prince s'en explique à la scène 2, il s'agit d'une expérience préparée de longue date et avec soin par son propre père : « une épreuve qui ne laissât rien à désirer ». En effet, l'expérience a été méditée depuis « dix-huit ou dix-neuf ans » et doit s'exercer sur des « cobayes humains » conditionnés depuis leur naissance dans le but de faire la preuve de la culpabilité féminine ou masculine en ce qui concerne le premier péché d'inconstance.

Ce spectacle du « premier âge du monde » est présenté par le Prince comme une authentique expérience scientifique. Pourtant ce statut peut être facilement contesté par l'invraisemblance de la situation. Comment ces quatre enfants ont-ils pu grandir pendant près de vingt ans sans se rencontrer ? Ils ont été élevés loin de toute vie sociale, mais Carise et Mesrou leur enseignent le langage et la musique… Ils ne connaissent pas la différence des sexes, pourtant Carise et Mesrou sont homme et femme… En fait seule l'adhésion à la fiction théâtrale peut corroborer le principe de l'expérience scientifique, à moins que ce ne soit qu'une vaste mise en scène, manigancée par le Prince pour mystifier Hermiane et la séduire. La fin de la pièce est en effet très curieuse avec l'apparition de ces deux autres enfants qui ont subi le même conditionnement, mais dont le Prince n'avait nullement révélé l'existence.

On peut donc tout à fait envisager que ces amours des premiers âges sont un stratagème inventé par le Prince pour divertir Hermiane et la convaincre de l'inconstance de son sexe. Mais le divertissement tourne mal car Hermiane s'emporte contre Églé ; Meslis et Dina semblent arriver à la rescousse pour sauver la situation et rétablir l'équilibre en représentant le couple à la fidélité inébranlable…

Prolongements

Pour une lecture méthodique de la scène 1 :

1. ***Montrez que cette première scène a la valeur d'un prologue mais fonctionne aussi comme une scène d'exposition qui installe le contexte, le décor et la situation.***

2. ***Montrez que malgré le discours galant des deux personnages, il s'installe entre eux une certaine tension qui assure la dynamique du dialogue et provoque l'attente du spectateur.***

3. ***En quoi cette première scène reflète-t-elle bien l'esprit des Lumières ?***

II. LECTURES IMBRIQUÉES : UNE COMPOSITION EN ABYME

❑ Spectateurs, montreurs et phénomènes

Hermiane et le Prince ne prennent la parole que dans trois scènes : les deux premières et la scène finale. Cependant ils ne quittent jamais vraiment le théâtre puisque c'est pour eux que l'on donne l'expérience. Ils jouent un rôle de spectateurs latents, dissimulés mais dont la présence fonde le statut spectaculaire de l'expérience. Ils restent durant toute la pièce à épier les enfants dans ce poste d'observation que le Prince a lui-même choisi :

> Voici une galerie qui règne tout le long de l'édifice, et d'où nous pourrons les voir et les écouter, de quelque côté qu'ils sortent de chez eux. (scène 1)

La référence à une galerie et surtout le choix de ce terme ne relèvent sans doute pas du hasard. Dans le contexte d'un théâtre à l'italienne comme celui de la Comédie-Française où fut créée la pièce, la galerie n'est pas sans évoquer les balcons latéraux qui dominent la scène. Cette galerie renforce donc la dimension spectaculaire de l'expérience, d'autant que celle-ci est elle-même orchestrée comme un numéro de foire avec des trompettes qui signalent l'entrée en scène des phénomènes (voir la didascalie à la fin de la scène 2 : « Ici on entend un bruit de trompettes »). Car ces enfants qui ont grandi loin du monde comme de petits sauvages sont bien considérés comme des phénomènes, tandis que Carise et Mesrou, les appariteurs de l'expérience, ne sont autres que des montreurs qui mettent en présence les enfants et provoquent l'événement attendu, tout en surveillant le bon déroulement des choses. Mais par l'exotisme qu'ils introduisent, ils participent aussi à la curiosité du spectacle qu'a promis le Prince à Hermiane, spectacle digne du théâtre de la Foire Saint-Germain où se pressaient les badauds en ce milieu du XVIIIe siècle.

On constate donc un jeu manifeste d'imbrication, un procédé de mise en abyme selon lequel une seconde pièce est enchâssée dans la première, que ce soit ici une authentique expérience scientifique dont on accepte les invraisemblances au nom de la fiction théâtrale, ou une manigance du Prince amoureux.

Repères

LA MISE EN ABYME

« Abyme », selon l'orthographe archaïque, désignait au Moyen Âge le centre d'un écu, quand celui-ci représentait également un écu. Ce que l'on appelle aujourd'hui une mise en abyme est un procédé esthétique qui joue sur un effet d'emboîtement. Ce procédé est très courant à l'époque baroque car il permet de donner l'idée de l'infini et de provoquer un certain vertige en embrouillant les fils narratifs. On le trouve particulièrement en peinture, quand le peintre se représente lui-même sur sa toile en train de peindre le tableau (*Les Ménines* de Vélasquez), ou encore dans les romans à tiroirs où plusieurs récits sont enchâssés les uns dans les autres (*L'Astrée* d'Honoré d'Urfé, *Les Mille et Une Nuits*). Mais le genre qui a le plus développé la mise en abyme est celui du spectacle en jouant sur des effets de « théâtre dans le théâtre », qu'il s'agisse de faire jouer une pièce dans la pièce (*Hamlet* de Shakespeare, 1600), de faire apparaître un spectacle (*L'Illusion Comique* de Corneille, 1636), de monter une véritable comédie pour abuser l'un des personnages (scène du Mamamouchi dans *Le Bourgeois gentilhomme* de Molière, 1670), de se travestir (*La Belle Alfred* de Rotrou), ou de choisir pour thème la répétition d'une pièce (*L'Impromptu de Ver-*

sailles de Molière, 1663). La mise en abyme au théâtre n'a pas qu'une valeur formelle, elle permet d'introduire la dialectique toute baroque de l'être et du paraître.

Marivaux est sans doute un des dramaturges qui a le plus exploré toutes les ressources de ce procédé, du spectacle dans la pièce avec *La Dispute*, à la répétition avec *Les Acteurs de bonne foi* (1757), en passant par le travestissement avec *Le Prince travesti* (1724), le coup monté avec *Le Jeu de l'amour et du hasard* (1730), la parodie avec *L'Île des esclaves* (1725).

Quelques autres œuvres reposant sur une mise en abyme : *La Répétition ou l'Amour puni* d'Anouilh, 1950 ; *Six personnages en quête d'auteur* de Pirandello, 1921 ; *Les Nègres* de Genet, 1958 ; *Kean* de Sartre, d'après Alexandre Dumas, 1953.

La double énonciation inhérente à tout discours théâtral devient triple à partir de la scène 3. Les propos que tiennent les enfants ont en effet trois destinataires : d'abord sur scène les personnages interlocuteurs, puis dans la galerie, Hermiane et le Prince, même si les enfants ignorent leur présence, et enfin dans la salle : le public. Aussi le sens des paroles prononcées par les enfants a-t-il une valeur différente en fonction des destinataires. Ce qui par exemple n'est pour Églé et Adine qu'une simple querelle où chacune est convaincue d'être la plus belle, apparaît pour Hermiane comme la démonstration douloureuse qu'elle s'est trompée en comptant sur « la pudeur et la timidité naturelles » (scène 1) des femmes. L'escalade des piques que se lancent tour à tour Églé et Adine à la scène 9 prouve au contraire l'indécente vanité dont sont capables les femmes pour la plus grande honte d'Hermiane, qui interrompt finalement l'expérience, ne pouvant en supporter davantage.

Repères

LA DOUBLE ÉNONCIATION

Le texte théâtral est caractérisé par un phénomène de double énonciation, car il a par nature deux destinations : l'une tournée vers la scène et les personnages, l'autre tournée vers la salle et les spectateurs. Même quand le spectacle feint de faire abstraction de la présence du public et joue sur l'effet du quatrième mur invisible, les gestes et les paroles des personnages n'ont de sens que par rapport aux spectateurs.

Inversement, certaines conventions théâtrales prennent délibérément en compte le spectateur en s'adressant directement à lui, dans le cas de l'aparté, ou en lui permettant d'entendre ce qui est normalement imperceptible, dans le cas du monologue.

Par ailleurs, la double énonciation entraîne un double effet de sens : le texte théâtral est par nature plurivoque. Ayant une position de témoin, le spectateur en sait souvent plus que les personnages et les répliques peuvent à ses yeux recouvrir plusieurs sens en fonction de ce qui précède. Or, quand les personnages ignorent ce que savent les spectateurs, apparaissent des situations d'ironie tragique ou comique selon le registre.

Prolongements

♦ ***Étudiez la structure du double registre.***

Ce qui était jusqu'à présent la fonction de l'auteur spectateur ou du narrateur témoin va être transféré à certains personnages ou groupes de personnages, jetés eux aussi sur la scène et dans l'action, mais évoluant en marge des personnages centraux : les amoureux [...]. Ces amoureux, qui sont des tendres de souche romanesque, vont sans se voir être entraînés dans le mouvement du sentiment [...]. C'est aux personnages latéraux que sera réservée la faculté de « voir », de regarder les héros vivre la vie confuse de leur cœur. Ils ausculteront et commenteront leurs gestes et leurs paroles, ils interviendront pour hâter ou retarder leur marche, faire le point d'une situation toujours incertaine, interpréter des propos équivoques. Ce sont les personnages témoins, les successeurs de l'auteur-narrateur des romans et délégués indirects du dramaturge dans la pièce. De l'auteur, ils détiennent quelques-uns des pouvoirs : l'intelligence des mobiles secrets, la double vue anticipatrice, l'aptitude à promouvoir l'action et à régir la mise en scène des stratagèmes et comédies insérés dans la comédie [...].

De sorte, avec de nombreuses variantes, chaque pièce se développe sur un double palier, celui du cœur qui « jouit de soi » et celui de la conscience spectatrice. Où est la vraie pièce ? Elle est dans la surimpression et l'entrelacement des deux plans, dans les décalages et les échanges qui s'établissent entre eux et qui nous proposent le plaisir subtil d'une attention binoculaire et d'une double lecture.

Jean Rousset, *Forme et Signification*, « Marivaux ou la structure du double registre », Corti, 1963.

Vous envisagerez en quoi l'analyse de Jean Rousset s'applique tout particulièrement à* La Dispute *et montrerez que l'on peut même parler ici d'une structure du « triple registre ».

❑ L'enchâssement des regards

On peut par suite constater trois niveaux de regard qui se superposent et produisent un effet d'emboîtement à la façon des poupées gigognes. Le regard de Carise et Mesrou est le regard premier, celui des manipulateurs, celui qui est partie prenante avec l'expérience, qui peut l'orienter et l'infléchir. Carise et Mesrou influencent les enfants et prennent aussi du recul pour contempler leur œuvre comme l'indiquent à plusieurs reprises les didascalies :

« Carise paraît dans l'éloignement » (scène 10),

« Carise paraît ici dans l'éloignement et écoute » (scène 14),

« Carise approche et regarde Églé qui rêve » (scène 15), ou encore leur rire complice à la scène 19.

Il y a ensuite le regard clandestin et voyeur d'Hermiane et du Prince qui, sous couvert de l'observation scientifique, assistent dans l'ombre aux émois les plus intimes des premières amours de ces enfants. C'est un regard extérieur, tacite, mais qui au terme de la pièce juge et s'indigne.

Enfin, le regard du spectateur embrasse l'ensemble. Cependant durant les trois quarts de la pièce le regard du spectateur coïncide avec celui des deux galants : Marivaux met le spectateur en position de voyeur ; celui-ci n'assiste pas à une simple intrigue amoureuse, il guette les défaillances d'Églé, il épie les moindres signes de son inconstance. En définitive, l'intérêt dramatique de la pièce réside essentiellement dans ce piège où le spectateur attend que les personnages tombent.

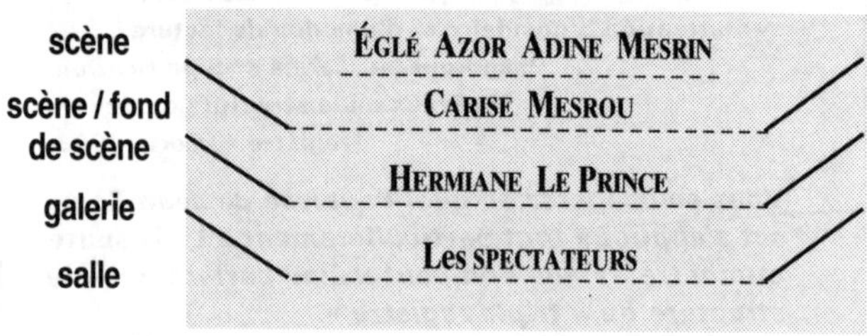

L'étude tabulaire de la pièce permet également de mettre en évidence cette présence focalisatrice des regards qui met les enfants en situation d'être cernés, d'être constamment épiés et observés.

scènes	Prince	Hermiane	Églé	Azor	Adine	Mesrin	Carise	Mesrou	Meslis	Dina
1	*	*					*	*		
2	*	*								
3	(*)	(*)	*				*			
4	(*)	(*)	*	*						
5	(*)	(*)	*				*	*		
6	(*)	(*)	*	*			*	*		
7	(*)	(*)	*	*						
8	(*)	(*)	*							
9	(*)	(*)	*		*		(*)			
10	(*)	(*)	*		*		*			
11	(*)	(*)			*		*			
12	(*)	(*)			*	*	*			
13	(*)	(*)		*		*				
14	(*)	(*)	*	*		*	(*)			
15	(*)	(*)	*				*			
16	(*)	(*)	*			*	*	*		
17	(*)	(*)	*	*		*	*	*		
18	(*)	(*)	*			*	*	*		
19	(*)	(*)	*	*	*	*	*	*		
20	*	*	*	*	*	*	*	*	*	*

❑ L'illusion théâtrale

Alors, quelle est la pièce véritable ? Le spectateur ne sait plus s'il assiste à l'aventure galante de gens de la cour ou aux intrigues amoureuses de jeunes enfants sauvages. Il y a donc deux angles de lecture possibles, deux approches : si l'aventure sentimentale des enfants constitue la pièce, les deux premières scènes ne sont plus qu'un prologue et la dernière un épilogue, tandis que si au contraire Hermiane et le Prince sont les personnages principaux, l'aventure des enfants doit être reléguée au rang d'une saynète amusante destinée à divertir la galerie sans être la finalité du spectacle.

Cependant le spectateur est très vite victime de l'illusion, et il oublie qu'il y a plusieurs niveaux de lecture pour adhérer directement à l'histoire d'Églé et de ses camarades. On retrouve ici le principe appliqué par Corneille dans l'*Illusion comique* : les images qu'est censé faire apparaître le magicien deviennent aux yeux du spectateur la pièce elle-même. Aussi pourrait-on très bien imaginer une mise en scène qui aille jusqu'au bout de l'illusion et qui révèle, à la fin du spectacle, qu'Églé, Azor, Adine, Mesrin, Meslis et Dina n'étaient qu'une troupe d'acteurs qui ont joué à son insu la comédie à Hermiane pour mieux l'attendrir et la pousser à tomber dans les bras du Prince.

Ces jeux d'illusion et d'imbrication contribuent à inscrire *La Dispute* dans le registre de cette esthétique précieuse, issue du baroque et très en vogue dans la première moitié du XVIIIe siècle, à laquelle on donnera le nom de style rocaille ou rococo.

Repères

DU BAROQUE AU ROCOCO

1. Le baroque

À la fin du XVIe siècle, la révolution copernicienne vient bouleverser la conception que les Européens se faisaient du monde pour proposer l'image d'une Terre qui n'est plus le centre de l'univers, mais une petite boule dérisoire, perdue dans l'infini, entraînée dans un vaste mouvement de rotation autour du soleil et cernée par celui de son satellite, la lune, autour d'elle. L'univers n'est qu'immensité et mouvement ; loin d'être à la mesure de l'homme, il le force à prendre conscience de la vanité des choses et ramène l'ambition humaniste de la Renaissance à plus de modestie, plus d'humilité.

Apparaît alors un mouvement artistique, qui au lieu de rassurer, veut au contraire rendre compte de l'instabilité et du chaos dans lequel nous sommes plongés. Cet art puise dans cette nouvelle conception de l'univers pour fonder son esthétique : puisque le monde n'est qu'immensité, il refuse toutes limites pour affirmer le goût de l'exubérance et du foisonnement, puisque tout n'est que mouvement et que l'inconstance agite le monde, il montre la mobilité et l'instabilité des choses, enfin il rejette les formes rectilignes, les structures équilibrées aux proportions parfaites pour développer des formes oblongues, des ellipses, des volutes, des jeux de contraste et de déséquilibre. C'est pourquoi on donnera à ce mouvement le nom d'art baroque d'après le mot portugais « barroco » utilisé pour parler d'une perle imparfaite, irrégulière.

De plus l'homme n'a même pas conscience du grand mouvement dans lequel il est pris, les apparences sont trompeuses et il se laisse abuser par un tourbillon d'illusions. Il a la prétention d'avoir des vérités, s'accroche à des principes, recherche des certitudes alors qu'il est dans l'œil du cyclone... Aussi le baroque choisit-il de cultiver le vertige pour rappeler la fragilité de la frontière entre rêve et réalité. Il joue sur les effets d'illusion : trompe-l'œil, jeux de miroir, mise en abyme, prisme, spirale, gemellité, double, travestissement... Dans ce monde instable et mouvant, la seule certitude est finalement la mort, c'est pourquoi le baroque se double également d'une esthétique parfois un peu macabre.

2. Avatars du baroque

L'art baroque gagne rapidement toute l'Europe du XVIIe siècle. Cependant, en France, avec l'arrivée au pouvoir de Richelieu et sa volonté d'instaurer un règne autoritaire et absolutiste, l'art baroque est rapidement jugé subversif, car par trop débridé et surtout incontrôlable. Richelieu crée l'Académie qui va établir les règles classiques de l'art sous l'égide de la Raison. Le rationalisme et la rigueur classique enterrent, ou tout au moins bâillonnent l'expression baroque qui ne se manifeste plus guère en France qu'à travers l'opéra et l'ampleur démesurée des fêtes de Versailles à la grande époque du Roi-Soleil.

L'austérité de la fin du règne de Louis XIV aurait dû donner le coup de grâce. Mais rien de tel, l'art baroque renaît de ses cendres dans la frénésie de la Régence. On retrouve le goût des volutes et des coquilles dans la sculpture, l'ébénisterie, la peinture... Watteau, Boucher, Fragonard peignent une nature vaporeuse aux recoins ombrés et aux grottes rocailleuses, des formes rondes et sensuelles qui appellent le plaisir, des fêtes, des travestissements...

Le baroque fait résurgence, mais il a perdu ses aspirations métaphysiques au profit d'un hédonisme raffiné et d'un goût précieux pour la fantaisie.

Aussi ce n'est pas sans dénoncer un certain maniérisme et une certaine mièvrerie que l'on appelle cette résurgence de l'esthétique baroque au XVIIIe siècle : style rocaille ou rococo.

BAROQUE	CLASSIQUE
foisonnement, excès, mélange, diversité, contraste	rigueur, simplicité, dépouillement, pureté, unité
mouvement, déséquilibre	assise, stabilité, hiératisme
formes floues, inachevées, zones d'ombre, appel à l'imagination, jeux d'illusion	lignes pures, contours délimités, clarté, transparence, évidence
formes rondes, méandres, spirales, volutes	formes géométriques, rectilignes, perpendiculaires
imperfection et irrégularité des formes (ellipse, polygone, cône...)	perfection et régularité des formes (cercle, carré, rectangle, cylindre...)

Prolongements

- ***Vous montrerez quels sont les éléments de la pièce qui relèvent de l'art baroque tant au niveau du sujet, du genre, de la structure, que des accessoires ou des personnages, et qui confèrent à* La Dispute *une dimension rococo.***

Une représentation à la Comédie-Française vers 1790. © Photo Hachette.

III. UNE LECTURE MORALE : GENÈSE ET UTOPIE

❑ Une reconstitution de la Genèse

L'expérience que propose le Prince à Hermiane repose sur les principes de la reconstitution des faits au sens juridique du terme :

> LE PRINCE – Pour bien savoir si la première inconstance ou la première infidélité est venue d'un homme, comme vous le prétendez, et moi aussi, il faudrait avoir assisté au commencement du monde et de la société.
>
> HERMIANE – Sans doute, mais nous n'y étions pas.
>
> LE PRINCE – Nous allons y être ; oui, les hommes et les femmes de ce temps-là, le monde et ses premières amours vont reparaître à nos yeux tels qu'ils étaient, ou du moins tels qu'ils ont dû être… (scène 1)

• Le jardin d'Éden

En effet, pour apprécier en toute objectivité la culpabilité de l'homme ou de la femme dans cette affaire d'inconstance, on apprend à la scène suivante que le père du Prince a fait élever de jeunes enfants dans les conditions du jardin d'Éden. C'est pourquoi la pièce s'inscrit dans un espace naturel, retiré et sauvage. La première didascalie précise que « la scène est à la campagne » et le Prince évoque, à la scène 2, la forêt où les enfants ont été portés à leur naissance et où son père a fait construire une maison pour les élever. Églé découvre un ruisseau à la scène 3 et Azor se cache derrière des arbres à la scène suivante. On peut donc tout à fait imaginer un décor arcadien dans la tradition précieuse des Pastorales. De plus, comme le veut le mythe d'Arcadie, ce morceau de nature est parfaitement isolé du monde extérieur par de véritables murailles. Hermiane est impressionnée par « la hauteur prodigieuse des différents murs », le Prince parle d'une « enceinte » et d'une « galerie » qui domine l'édifice.

Repères

LA PASTORALE

Campagne verdoyante, parfumée et fleurie, agneaux proprets enrubannés, gazouillis d'oiseaux amoureux, tendres bergers et bergères oisifs, aux manières courtoises et tout préoccupés de galanterie... Voilà l'univers idyllique de la pastorale ! Il évoque le bonheur serein de l'Arcadie, plaine mythique de l'Antiquité qui exaltait les douceurs de la vie champêtre et nourrissait toute une littérature bucolique (voir Anacréon, Virgile, etc.). Cependant la pastorale puise aussi aux sources du mythe de l'âge d'or, cette époque immémoriale où selon les Grecs, les hommes vivaient en harmonie parfaite avec la nature, où beauté physique et morale, intelligence et sensibilité restaient à l'unisson.

L'art de la pastorale fut remis au goût du jour par la Renaissance et son goût passionné pour la littérature antique. Mais c'est à l'époque baroque qu'elle trouva son épanouissement avec le roman-fleuve d'Honoré d'Urfé : *L'Astrée* (1607-1627), ces aventures galantes de pastourelles et pastoureaux au bord du Lignon, dans les bois du Forez, représentèrent pour plusieurs générations de l'aristocratie un véritable bréviaire des manières amoureuses. Du reste, cet idéal se perpétua jusqu'à la fin du XVIIIe siècle, puisque Marie-Antoinette jouait encore à la fermière avec ses suivantes au « Hameau » de Versailles.

• A... et E... et le fruit défendu

Dans ce milieu édénique artificiel, « les premières amours vont recommencer » (scène 2). Azor et Églé (le premier couple qui se constitue devant nos yeux) représentent donc le prototype du couple originel d'Adam et

Ève. Ils sont d'ailleurs présentés l'un à l'autre comme l'unique représentant de son sexe et destinés l'un à l'autre par l'ordre des choses :

> AZOR – Eh ! C'est Carise et Mesrou, ce sont mes amis.
>
> ÉGLÉ, *gaiement* – Ils me l'ont dit, vous êtes fait pour moi, moi faite exprès pour vous, ils me l'apprennent : voilà pourquoi nous nous aimons tant, je suis votre Églé, vous mon Azor.
>
> MESROU – L'un est l'homme, et l'autre la femme.
>
> [...]
>
> CARISE – Mes enfants, je vous l'ai déjà dit, votre destination naturelle est d'être charmés l'un de l'autre.

L'autre couple, Adine et Mesrin, dont la constitution ne nous est pas donnée à voir, est la réplique exacte du premier et l'on peut imaginer que son histoire est à peu près la même. Cependant il joue le rôle de l'élément perturbateur en venant contester l'unicité confortable et rassurante du premier couple. Le fruit défendu du jardin n'est autre que l'inconstance, c'est-à-dire l'attrait de la nouveauté et du changement.

• Anges gardiens ou suppôts de Satan ?

Carise et Mesrou, quant à eux, ont une présence totalement asexuée, ils sont frère et sœur mais ne représentent pas pour les enfants une image de l'homme et de la femme. Les termes qu'utilisent les enfants pour les désigner sont toujours neutres : amis, personnes, gens, etc. Tout se passe comme si Carise et Mesrou étaient des espèces d'eunuques et la couleur de leur peau n'est pas étrangère à ce statut singulier.

En effet, au XVIIIe siècle, à l'heure où l'esclavage et la traite battent leur plein et où prospère le commerce triangulaire, l'homme noir est un sauvage puis un nègre, c'est-à-dire un être qui n'a aucune vie sociale et amoureuse et dont la seule raison d'être est de servir ses maîtres. Serviteurs du Prince, Carise et Mesrou ont à la fois le sexe des anges et le rire du démon. Certes ils veillent sur les jeunes enfants, mais ce sont eux aussi qui les manipulent et les incitent à la faute.

• Le Dieu Créateur

Même Dieu le père n'est pas oublié dans cette reconstitution de la Genèse. Le Prince ne prend pas sur lui l'initiative de l'expérience, mais allègue son père et en reporte sur lui la responsabilité. Ainsi tandis que lui-même reste un simple observateur extérieur, son père en revanche endosse l'image du Créateur. Ce père « naturellement assez philosophe » représente tout simplement l'Esprit de l'expérience, le Doigt instigateur.

❑ Espace éprouvette ou espace utopique

> Mon père, naturellement assez philosophe [...] résolut de savoir à quoi s'en tenir, par une épreuve qui ne laissât rien à désirer. Quatre enfants au berceau [...] furent portés dans la forêt où il avait fait bâtir cette maison exprès pour eux, où chacun d'eux fut logé à part, et où actuellement même il occupe un terrain dont il n'est jamais sorti, de sorte qu'ils ne se sont jamais vus. (scène 2)

Maintenir les enfants en dehors de tout contact social, dans une espèce d'îlot utopique, était la condition nécessaire pour assurer la virginité de leur cœur. C'est pourquoi le Prince affirme qu'il va montrer à Hermiane :

> [...] des âmes tout aussi neuves que les premières, encore plus neuves s'il est possible. (scène 1)

En élevant les enfants au fond d'une forêt dans l'isolement le plus radical, c'est-à-dire loin de toute vie sociale, dans un milieu « aseptisé », préservé des germes de la civilisation, on a maintenu leur nature sauvage. Ces conditions d'isolement garantissent donc la fiabilité de l'expérience en maintenant les enfants à l'état de nature.

Repères

L'UTOPIE

Le mot « utopie » vient d'une œuvre de Thomas More écrite en 1516 ; il désigne un espace en dehors du temps et du monde (u = non, topo = lieu) où une société idéale vit en parfaite harmonie sans connaître la violence et la guerre, c'est-à-dire un espace qui n'a pas d'existence dans la réalité, et où tout est possible. Les grands humanistes de la Renaissance donnèrent facilement dans l'utopie : on pense par exemple à la fameuse abbaye de Thélème imaginée par Rabelais, où hommes et femmes vivent en bonne entente et sans aucune contrainte avec pour seule devise : « Fais ce que voudras ».

Quelque peu oublié pendant l'époque classique, car jugé sans doute par trop déraisonnable, le thème de l'utopie revient en force au XVIIIe siècle. Il permet aux philosophes de braver la censure en imaginant les thèses les plus audacieuses dans un espace délibérément onirique, pur fruit de l'imaginaire, tel le pays d'Eldorado inventé par Voltaire.

Bientôt l'utopie trouve son symbole dans l'île, et l'idéal se double d'une douceur tout exotique. Perdue dans l'océan, inconnue de tous, inaccessible, l'île est le lieu de tous les possibles. On y échoue par accident au milieu de la tempête et tandis que le tumulte de l'océan représente l'agitation aveugle du monde, l'île est un hâvre de paix et de bonheur, un paradis retrouvé. C'est pourquoi la plupart des utopies de Marivaux ont une île pour décor : *L'Île des esclaves*, *l'Île de la raison*, *La Colonie*, etc.

Quelques utopies célèbres ayant une île pour cadre : *La Tempête* de Shakespeare, *Paul et Virginie* de Bernardin de Saint-Pierre, *Indiana* de George Sand, *L'Île mystérieuse* de Jules Verne, *Deux ans de vacances* de Jules Verne, *L'Île au trésor* de Stevenson, *Vendredi ou les Limbes du Pacifique* de Michel Tournier, *L'Île* de Robert Merle, *Sa Majesté des Mouches* de William Golding.

En fait, les découvertes d'enfants sauvages n'ont cessé de défrayer la chronique dans la première moitié du XVIIIe siècle. En 1717 on trouva, dans les bois des environs de Zwolle en Hollande, une enfant qui se nourrissait d'herbes et de feuillages. Deux ans plus tard en France, on captura de jeunes garçons dans les Pyrénées, qui se déplaçaient comme des animaux. Vers 1724, un petit sauvage trouvé près d'Hanovre passionna la cour d'Angleterre. En 1731 ce fut en Champagne que les domestiques du château de Sogny découvrirent une fille dans les bois voisins ; noire de crasse, elle grattait le sol avec ses ongles et mangeait des racines. La découverte de cette enfant fascina la cour de Louis XV et le duc d'Orléans lui-même vint la voir à Chaillot dans le couvent qui l'avait recueillie.

Ces faits divers ne manquent pas de nourrir les belles conversations de salon et captivent les philosophes comme Condillac ou Rousseau : ils voient dans ces enfants privés de langage et au comportement animal des exemples vivants d'asocialité.

Cependant les enfants ne sont pas ici complètement seuls, puisqu'ils ont des précepteurs ; à moins que Carise et Mesrou ne soient pas de nature à introduire dans l'espace aseptisé de l'éprouvette un quelconque germe de civilisation, à moins qu'ils ne puissent susciter aucune relation sociale :

> Ils ne connaissent encore que Mesrou et sa sœur qui les ont élevés, et qui ont toujours eu soin d'eux, et qui furent choisis de la couleur dont ils sont, afin que leurs élèves en fussent plus étonnés quand ils verraient d'autres hommes. (scène 2)

Décidément l'expérience a été préparée avec soin, Carise et Mesrou n'ont pas été choisis au hasard… ils sont noirs, ce ne sont pas des hommes comme les autres. En effet, en ce milieu du XVIIIe siècle, s'il est un esclave, autrement dit un nègre, l'homme noir est aussi facilement associé à l'image du « bon sauvage » que construisent les philosophes des Lumières, c'est-à-dire l'image d'un homme qui n'est pas civilisé et qui loin des perversités du monde policé a conservé son état de nature. Le nègre est alors conçu comme un sauvage que l'esclavage a arraché à l'insouciance de sa vie naturelle. De plus, selon les préjugés esthétiques de l'époque, son teint l'empêche d'inspirer un quelconque sentiment amoureux. Il n'y a donc pas de risque que Carise et Mesrou contaminent le milieu des enfants, puisqu'ils ne peuvent en aucun cas leur donner une idée de ce que sont la société et la civilisation. Carise et Mesrou participent entièrement aux conditions sauvages de leur croissance. Tout se passe comme si chaque enfant avait été élevé sur une île dans une tribu de bons sauvages.

Repères

LE BON SAUVAGE

Ceux que les Européens commencent à appeler « les sauvages » au XVIe siècle sont originaires des Indes occidentales, des îles du Pacifique ou des côtes de Guinée. On les considère comme les témoins d'un âge révolu, comme les derniers fossiles d'une humanité primitive qui n'a pas évolué vers la civilisation. Les philosophes voyagent peu, mais ils recueillent des témoignages d'aventuriers, ils puisent dans les récits des explorateurs et sont bientôt fascinés par l'innocence et la bonté naïve de ces sauvages, comme en témoigne Montaigne dès le XVIe siècle avec son chapitre sur les cannibales (*Essais*, livre I, XXXI). Ils voient en eux des êtres qui, comme s'ils n'avaient jamais connu le péché originel, vivent à l'unisson avec la nature et semblent goûter un bonheur simple.

C'est ainsi que s'élabore au fil du XVIIIe siècle le mythe du bon sauvage, nourri par le succès de *Robinson Crusoë* (1719) de Defoe, qui influencera tous les écrivains du siècle, de Marivaux à Bernardin de Saint-Pierre en passant par Diderot, Rousseau ou Voltaire. Vendredi est en effet le prototype du bon sauvage : docile, serviable, intuitif et crédule, incapable de calcul ni d'arrière-pensée, il est la candeur même.

On retrouve aussi l'image du bon sauvage sous les traits du Huron de Voltaire, des Tahitiens de Diderot (*Supplément au voyage de Bougainville*, 1773) ou des Incas de Marmontel (1777). Le mythe devient même sous la plume de Rousseau un argument philosophique destiné à démontrer que la vie sociale et policée est la cause du malheur des hommes civilisés (*Discours sur l'origine et les fondements de l'inégalité parmi les hommes*, 1755). En pleine révolution industrielle, les détracteurs du progrès, les nostalgiques d'une vertu innée et originelle en l'homme voient dans le bon sauvage un idéal de bonheur perdu.

Finalement le modèle de vie du bon sauvage trouvera son apothéose dans la magnifique utopie de Bernardin de Saint-Pierre : *Paul et Virginie* (1787), et son prolongement dans le premier roman idéaliste de Chateaubriand : *Atala* (1801).

Néanmoins, cet « élevage d'enfants sauvages » n'est pas dénué d'invraisemblances, puisque au nom des nécessités théâtrales « on leur a appris la langue »... Il est vrai que sans cela Marivaux aurait dû se résoudre à une pantomime !

Or l'acquisition du langage ne suppose-t-elle pas déjà une certaine idée du monde et de la vie sociale ?... En fait, ces enfants ont une éducation digne des milieux aristocratiques : non seulement on leur apprend la langue, mais ils ont aussi des leçons de musique (scène 11) !

« Sauvages » peut-être, mais en restant dans les normes du raffinement de l'époque. Ce « premier âge du monde » ressemble davantage au mythe de l'âge d'or qu'à « la guerre du feu ».

❑ Du péché d'Ève au péché d'Églé

• Curieuse...

Églé est le personnage principal de l'aventure, c'est autour d'elle que se construit l'expérience, et c'est elle finalement qui endossera la responsabilité de l'infidélité.

Comme le montre l'étude tabulaire, à partir de la scène 3, où commence la mise à l'épreuve, Églé est présente dans quinze scènes sur dix-huit ; et ce sont ses répliques qui ouvrent ou ferment la plupart des scènes.

Animée d'une curiosité digne de Pandore, c'est elle qui va au devant de presque toutes les situations. Elle lance l'expérience à la scène 3 en découvrant l'espace et en prenant conscience de son image dans le ruisseau. On assiste ensuite successivement à sa rencontre avec Azor, puis avec Adine et enfin avec Mesrin, tandis que les rencontres d'Adine et de Mesrin puis d'Adine et d'Azor restent implicites.

De plus c'est elle qui a toujours l'initiative des rencontres et des séparations. À la scène 4, elle voit la première Azor et fixe les règles d'approche :

> *Églé un instant seule, Azor paraît vis-à-vis d'elle.*
>
> ÉGLÉ, *continuant et se tâtant le visage* – Je ne me lasse point de moi. *(Et puis, apercevant Azor, avec frayeur.)* Qu'est-ce que c'est que cela, une personne comme moi ?... N'approchez point. *(Azor étendant les bras d'admiration et souriant. Églé continue.)* La personne rit, on dirait qu'elle m'admire. *(Azor fait un pas.)* Attendez... Ses regards sont pourtant bien doux... Savez-vous parler ?
>
> AZOR – Le plaisir de vous voir m'a d'abord ôté la parole.
>
> Églé – La personne m'entend, me répond, et si agréablement !
>
> AZOR – Vous me ravissez.
>
> ÉGLÉ – Tant mieux. [...]

> AZOR – Pourquoi donc me défendez-vous d'avancer ?
>
> ÉGLÉ – Je ne vous le défends plus de bon cœur.

C'est Églé qui demande ensuite à Azor de se cacher, puis c'est elle aussi sur les conseils de Carise et Mesrou qui prend la résolution fatidique d'une séparation temporaire :

> Allons, allons, tout bien examiné, mon parti est pris : donnons-nous du chagrin, séparons-nous pour deux heures, j'aime encore mieux votre cœur et son adoration que votre présence, qui m'est pourtant bien douce. (scène 7)

Elle vient au-devant d'Adine :

> Mais que vois-je ? Encore une autre personne ! (scène 9)

Et au-devant de Mesrin :

> Qu'est-ce que c'est que cela qui me plaît tant ? (scène 14)

En fait tout s'articule autour d'Églé, les autres enfants semblent être de simples pions que manipulent Carise et Mesrou pour la faire tomber dans le piège de l'inconstance. Ils utilisent Adine pour attiser sa jalousie, Mesrin pour flatter son amour-propre et Azor pour vexer son quant-à-soi. Toutes ces rencontres font partie d'une stratégie destinée à piéger Églé.

• … et manipulée

Carise et Mesrou apparaissent comme les protecteurs des enfants, comme leurs anges gardiens, et ceux-ci ont confiance en eux. Azor les désigne comme des « amis » (scène 6) et Églé constate qu'ils sont « de bonnes gens » (scène 7). Pourtant ces personnages jouent un double jeu. Carise s'est éloignée d'Églé pour lui permettre de rencontrer Azor et elle fait l'étonnée à la scène 5 :

> Qui vous tenait la main, Églé ! Que n'avez-vous appelé à votre secours ?

On remarque également qu'au moment même où Carise et Mesrou prétendent conseiller les enfants pour qu'ils préservent la vigueur de leur amour, ils les incitent à une séparation qui permettra au contraire d'autres rencontres :

CARISE – Mais il y a une chose à observer, si vous voulez vous aimer toujours.

ÉGLÉ – Oui, je comprends, c'est d'être toujours ensemble.

CARISE – Au contraire, c'est qu'il faut de temps en temps vous priver du plaisir de vous voir.

ÉGLÉ, *étonnée* – Comment ?

AZOR, *étonné* – Quoi ?

CARISE – Oui, vous dis-je, sans quoi ce plaisir diminuerait et vous deviendrait indifférent.

ÉGLÉ, *riant* – Indifférent, indifférent, mon Azor ! ah ! ah ! ah !… la plaisante pensée !

AZOR, *riant* – Comme elle s'y entend !

MESROU – N'en riez pas, elle vous donne un très bon conseil… (scène 6)

N'est-ce pas encore Carise qui, tout en prétextant la réconciliation, rappelle à Églé et Adine, qui viennent de se quereller, l'existence d'Azor et Mesrin, et leur suggère ainsi un moyen de se venger :

> Doucement, ne vous emportez point ; profitez plutôt du hasard qui vous a fait faire connaissance ensemble, unissons-nous tous, devenez compagnes, et joignez l'agrément de vous voir à la douceur d'être toutes deux adorées, Églé par l'aimable Azor qu'elle chérit, Adine par l'aimable Mesrin qu'elle aime ; allons, raccommodez-vous. (scène 9)

Est-ce de la naïveté ou de l'ironie ? Car la réponse des deux coquettes ne se fait pas attendre :

> Tenez, je sais le moyen de lui faire entendre raison, je n'ai qu'à lui ôter son Azor,

> Où est son imbécile de Mesrin ? Malheur à elle, si je le rencontre.

Mais Carise révèle surtout ses dons de manipulatrice à la scène 15 : sous couvert d'aider Églé à analyser l'état de son cœur, elle lui permet de prendre conscience qu'elle est attirée par un autre qu'Azor :

> Tenez, votre dégoût pour Azor ne vient pas de tout ce que vous dites là, mais de ce que vous aimez mieux à présent son camarade que lui.

Finalement c'est Mesrou qui fait pencher la balance et décide Églé à croquer dans le fruit de la nouveauté en lui annonçant l'identité de Mesrin et en lui donnant une raison de plus de l'aimer, celle de se venger d'Adine puisqu'il était son amoureux. (scène 16)

Prolongements

Pour une lecture méthodique de la scène 15 :

1. ***Montrez que la dynamique de la scène repose sur un procédé de maïeutique : Carise pousse Églé à accoucher de ses sentiments, à avouer ce que cache sa mauvaise foi.***
2. ***Montrez que cet accouchement procède en quatre étapes articulées par les découvertes successives d'Églé :***
   - ***l'affaiblissement de ses sentiments pour Azor,***
   - ***l'augmentation de son intérêt pour Mesrin,***
   - ***les hésitations de son cœur.***
3. ***Après avoir défini les démérites d'Azor et les mérites de Mesrin, vous montrerez en quoi ils ne dépendent pas de leur personne, mais des circonstances et de la coquetterie d'Églé.***

Ces personnages, qui gravitent autour des enfants, les observent à leur insu et passent pour leurs tuteurs, ont en définitive quelque chose de très inquiétant, d'autant qu'une fois parvenus à leurs fins ils sont pris d'un rire moqueur.

Comme Ève, Églé a cédé à la tentation et a entraîné avec elle Mesrin. En goûtant au fruit de l'inconstance, elle a reproduit le péché originel qui a voué la gent féminine au désir insatiable de plaire. Ce serait en somme le péché d'Églé qui aurait condamné l'humanité à ne pas vivre d'amour heureux…

Prolongements

- ***Après avoir repéré les différentes scènes censées se passer en dehors de l'espace scénique :***
  – imaginez leur déroulement,
  – écrivez le dialogue correspondant.

Diego Vélasquez, *La Vénus au miroir*. © National Gallery, Londres.

IV. UNE LECTURE PHILOSOPHIQUE : REFLETS ET EFFETS DE MIROIR

❑ Symétries et chassés-croisés

• Des personnages interchangeables

L'intrigue de la pièce et le jeu d'inconstance reposent sur un effet de miroir. Adine et Mesrin sont la réplique exacte d'Églé et Azor. Églé trouve son reflet dans Adine et Azor le sien dans Mesrin. En fait ces personnages n'ont aucune profondeur et donnent très vite l'impression d'être interchangeables.

L'identité entre les deux filles se signale particulièrement à la scène 9 : leur dialogue se transforme rapidement en un jeu d'échos. On apprend qu'elles ont eu les mêmes précepteurs et ont connu les mêmes étapes initiatiques vers la découverte de soi – un ruisseau, un homme, un miroir :

> ADINE – [...] Je suis pourtant l'admiration de trois personnes qui habitent dans le monde.
>
> ÉGLÉ – Je ne connais pas vos personnes, mais je sais qu'il y en a trois que je ravis et qui me traitent de merveille.
>
> ADINE – Et moi je sais que je suis belle, si belle, que je me charme moi-même toutes les fois que je me regarde ; voyez ce que c'est.
>
> ÉGLÉ – Que me contez-vous là ? Je ne me considère jamais que ne je sois enchantée, moi qui vous parle.
>
> [...]
>
> ADINE – Mon visage ! Oh ! je n'en suis pas en peine, car je l'ai vu ; allez demander ce qu'il en est aux eaux du ruisseau qui coule ; demandez-le à Mesrin qui m'adore.
>
> ÉGLÉ – Les eaux du ruisseau, qui se moquent de vous, m'apprendront qu'il n'y a rien de si beau que moi, et elles me l'ont déjà appris ; je ne sais ce que c'est qu'un Mesrin, mais il ne vous regarderait pas s'il me voyait ; j'ai un Azor qui vaut mieux que lui, un Azor que j'aime,

qui est presque aussi admirable que moi, et qui dit que je suis sa vie ; vous n'êtes la vie de personne, vous ; et puis j'ai un miroir qui achève de me confirmer tout ce que mon Azor et le ruisseau assurent ; y a-t-il rien de plus fort ?

ADINE, *en riant* – Un miroir ! vous avez aussi un miroir ! Eh ! à quoi vous sert-il ? à vous regarder ? ah! ah ! ah !

Prolongements

Pour une lecture méthodique de la scène 9 :

1. ***Montrez que la scène repose sur un effet de crescendo et qu'elle procède en quatre étapes :***

   – découverte de l'autre,

   – affirmation du moi,

   – vaine démonstration de supériorité,

   – jeu de l'indifférence.

2. ***En quoi la scène fonctionne-t-elle comme un duel ? Montrez que, loin d'être un moyen de communication, le langage devient ici une arme qui permet les attaques comme les parades.***

3. ***Quels sont les ressorts comiques de cette scène ?***

4. ***Pourquoi cette scène est-elle déterminante pour la suite de l'action ?***

C'est leur ressemblance même qui les conduit à s'affronter, chacune se heurte à son image comme à un mur. Elles n'admettent pas leur identité et ce refus provoque le conflit, car pour démontrer qu'il n'y a pas égalité, il faut rivaliser.

L'attitude des deux garçons est diamétralement opposée. Au lieu de refuser leur ressemblance, ils la constatent avec plaisir et elle nourrit leur amitié :

> MESRIN – [...] Mais j'aperçois quelqu'un, c'est une personne comme moi, serait-ce Églé ? Non, car elle n'est point difforme.
>
> AZOR, *le considérant* – Vous êtes pareil à moi, ce me semble ?
>
> MESRIN – C'est ce que je pensais.
>
> AZOR – Vous êtes donc un homme ?
>
> MESRIN – On m'a dit que oui.
>
> AZOR – On m'en a dit de moi tout autant.
>
> MESRIN – On vous a dit ? est-ce que vous connaissez des personnes ?
>
> AZOR – Oh ! oui, je les connais toutes, deux noires et une blanche.
>
> MESRIN – Moi, c'est la même chose, d'où venez-vous ?
>
> AZOR – Du monde.
>
> MESRIN – Est-ce du mien ?
>
> AZOR – Ah ! je n'en sais rien, car il y en a tant !
>
> MESRIN – Qu'importe ? votre mine me convient, mettez votre main dans la mienne, il faut nous aimer.

Voilà une analyse des relations humaines qui n'est pas dénuée de misogynie. L'homme voit dans son *alter ego* son égal, la femme y voit une rivale. Les scènes 9 et 13 sont ainsi construites en parfaite opposition : alors que la rencontre des filles mène à une impasse et finit en querelle, celle des garçons débouche sur une joyeuse camaraderie.

• Danse et contredanse

Marivaux nous donne à voir une conception de la nature humaine particulièrement sexiste. Il s'avère en effet au cours de la mise à l'épreuve que l'amour au masculin et l'amour au féminin ne sont pas de même nature. L'homme aime la beauté et la séduction, tandis que la femme aime le regard qui l'admire et la flatte. C'est pourquoi à la scène 9, la mise en présence des deux mêmes attentes ne pouvait conduire qu'à l'affrontement : chacune des deux femmes exige de l'autre qu'elle reconnaisse la supériorité de sa beauté et aucune ne cède :

> ADINE – Eh bien ! n'avez-vous rien à me dire ?
>
> ÉGLÉ – Non, d'ordinaire on me prévient, c'est à moi qu'on parle.
>
> [...]
>
> ADINE – Voilà qui est particulier ! vous me considérez, je me montre, et vous ne sentez rien ! C'est que vous regardez ailleurs ; contemplez-moi un peu attentivement, là, comment me trouvez-vous ?
>
> ÉGLÉ – Mais qu'est-ce que c'est que vous ? Est-il question de vous ? Je vous dis que c'est d'abord moi qu'on voit, moi qu'on informe de ce qu'on pense ; voilà comme cela se pratique, et vous voulez que ce soit moi qui vous contemple, pendant que je suis présente !
>
> ADINE – Sans doute, c'est à la plus belle à attendre qu'on la remarque et qu'on s'étonne.
>
> ÉGLÉ – Eh bien, étonnez-vous donc !
>
> ADINE – Vous ne m'entendez donc pas ? on vous dit que c'est à la plus belle à attendre.
>
> ÉGLÉ – On vous répond qu'elle attend.

Cette rivalité des deux femmes est au cœur de l'expérience, et c'est elle qui va déclencher l'inconstance. On peut ainsi considérer la scène 10 comme un véritable axe de pivotement à partir duquel commence la logique d'éclatement qui va amener les couples à se défaire. C'est en effet dans cette scène qu'Adine et Églé, après avoir épuisé tous les arguments à la scène précédente, prennent la résolution d'utiliser Azor et Mesrin pour mieux démontrer leur supériorité et affirmer la puissance de leurs charmes :

> ADINE – Tenez, je sais le moyen de lui faire entendre raison ; je n'ai qu'à lui ôter son Azor dont je ne me soucie pas, mais rien que pour avoir la paix.
>
> ÉGLÉ, *fâchée* – Où est son imbécile Mesrin ? Malheur à elle, si je le rencontre ! Adieu, je m'écarte, car je ne saurais la souffrir.

La voilà sans doute la vraie « dispute » que suggère le titre de la pièce, d'autant qu'Adine emploie le terme : « Mais de croire que vous pouvez entrer en *dispute* avec moi, c'est se moquer, il n'y a qu'à voir ». Ce serait la Dispute ancestrale cause de toutes les infidélités, c'est-à-dire cette jalousie inhérente à la psychologie féminine, cette rédhibitoire coquetterie que, selon Marivaux, se partagent toutes les femmes pour le plus grand malheur des hommes...

Après la scène 10, il semble que les enfants aient perdu leur pureté et leur naïveté : Adine vient insuffler à la scène 12 des idées de colère dans l'esprit de Mesrin et exige sa vengeance. Scène 14, Églé sème la discorde dans la belle amitié naissante entre Mesrin et Azor en excitant à la fois la jalousie d'Azor et le désir de Mesrin...

De part et d'autre de l'axe que représente la dispute des scènes 9 et 10, on remarque des scènes symétriques, c'est-à-dire marquées par un véritable renversement de situation : alors qu'à la scène 5 Églé vante à Carise tous les mérites d'Azor, voilà qu'à la scène 15 elle ne cesse de s'en plaindre ; scène 4, Églé et Azor tombent dans les bras l'un de l'autre et ne peuvent plus se séparer, tandis qu'à la scène 16 Mesrin s'est substitué à Azor qui est tombé dans les oubliettes ; scènes 6, 7 et 8 Églé et Azor filent le parfait amour et confondent leur image dans le même miroir, mais scènes 17,18 et 19, cette fusion a complètement éclaté, d'autres couples se sont formés et on se rend les portraits... Grâce à une quadruple inconstance et à deux heureux chassés-croisés, l'équilibre est rétabli.

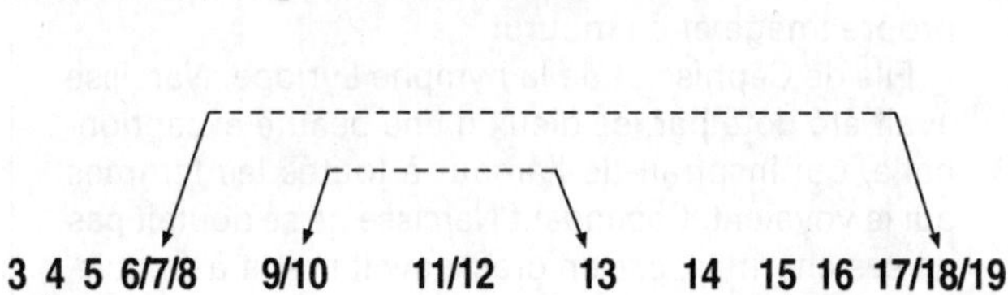

❑ Image, miroir et portrait

Accessoire indispensable de la coquette, le miroir et son prolongement, le portrait, sont les seuls objets de la pièce. Mais leur fonction évolue d'une scène à l'autre.

Dans la scène 3, le miroir apparaît d'abord sous la forme moins sophistiquée et plus vivante du ruisseau. Il est alors l'instrument de la découverte de soi. C'est ainsi qu'Églé apprend à apprivoiser son image et prend conscience avec naïveté de sa beauté :

> ÉGLÉ, *regardant* – Ah ! Carise, approchez, venez voir, il y a quelque chose qui habite dans le ruisseau qui est comme une personne, et elle paraît aussi étonnée de moi que je le suis d'elle.
>
> CARISE, *riant* – Eh ! non, c'est vous que vous y voyez, tous les ruisseaux font cet effet-là.
>
> ÉGLÉ – Quoi ! c'est là moi, c'est mon visage ?
>
> CARISE – Sans doute.
>
> ÉGLÉ – Mais savez-vous bien que cela est très beau, que cela fait un objet charmant ? Quel dommage de ne l'avoir pas su plus tôt !

Repères

LE MYTHE DE NARCISSE

Le mythe de Narcisse raconte comment un jeune homme d'une grande beauté tomba amoureux de sa propre image et en mourut.

Fils de Céphise et de la nymphe Lyriope, Narcisse avait été doté par les dieux d'une beauté exceptionnelle, qui inspirait de l'amour à toutes les femmes qui le voyaient. Cependant Narcisse ne se doutait pas de ses charmes, car un oracle avait prédit à sa naissance que pour vivre vieux il ne devrait jamais voir son visage. Aussi avait-on banni de son entourage toute forme de miroir.

Mais un jour Narcisse repoussa les avances d'Écho et elle ne put surmonter l'humiliation. Comme elle se morfondait de douleur, elle résolut de se venger et appela la déesse Némésis à son aide. Celle-ci conçut pour piéger le jeune homme une fontaine d'eau limpide et fraîche, aux bords tapissés d'herbe tendre et ombragée par un bois touffu.

Un beau matin, au retour de la chasse, fatigué et altéré, Narcisse s'approcha de la fontaine pour épancher sa soif et profiter de la fraîcheur. Or, voilà qu'étendu sur l'herbe, il aperçoit dans l'eau limpide un visage d'une extrême beauté pour lequel il conçoit aussitôt un amour d'une ardeur sans pareille. Mais pour son malheur, l'être de la fontaine était inaccessible, à chaque fois que Narcisse tendait les bras pour l'atteindre l'être disparaissait dans l'agitation des eaux. Narcisse ne voulut plus quitter le bord de la fontaine et se laissa mourir de désespoir.

On raconte que sa passion fut à tel point inextinguible que lorsque Charon lui fit traverser le fleuve des Enfers, Narcisse continuait de chercher dans l'onde du Styx le visage de l'être chéri...

Les Naïades et les Dryades préparèrent le bûcher funéraire et firent retentir leurs lamentations, tandis qu'Écho prise de remords redoublait leurs plaintes. Mais quand elles crurent prendre le corps de Narcisse, il avait disparu : elles trouvèrent à sa place, au bord de l'eau, une fleur jaune safran au cœur entouré de feuilles blanches.

Puis le ruisseau, comme le miroir, devient le moyen de surmonter la solitude ou de combler l'absence : « Allez, allez, je ne m'ennuierai pas avec le ruisseau ». La découverte de soi a vite pris le pas sur la découverte du monde. D'abord impressionnée par l'étendue et la diversité du monde extérieur :

> Que vois-je ? Quelle quantité de nouveaux mondes ! […] Que de pays ! que d'habitations ! il me semble que je ne suis plus rien dans un si grand espace, cela me fait plaisir et peur.

Églé découvre bientôt un monde plus vaste et plus riche encore, celui de sa propre image et abandonne l'exploration de l'espace qui l'entoure pour l'exploration de sa physionomie, l'exploration de ce « moi » dont elle ne se lasse pas. (scène 4)

Au début de la scène 7, le miroir se présente comme un objet ludique qui amuse Églé et Azor et suscite leur rapprochement jusqu'au baiser :

> AZOR – Eh ! oui, c'est vous ; attendez donc, c'est nous deux, c'est moitié l'un et moitié l'autre ; j'aimerais mieux que ce fût vous toute seule, car je m'empêche de vous voir tout entière.
>
> ÉGLÉ – Ah ! je suis bien aise d'y voir un peu de vous aussi, vous n'y gâtez rien ; avancez encore, tenez-vous bien.
>
> AZOR – Nos visages vont se toucher, voilà qu'ils se touchent, quel bonheur pour le mien ! quel ravissement !
>
> ÉGLÉ – Je vous sens bien, et je le trouve bon.
>
> AZOR – Si nous bouches s'approchaient.
>
> *Il lui prend un baiser.*
>
> Églé, *en se retournant* – Oh ! vous nous dérangez, à présent je ne vois plus que moi, l'aimable invention qu'un miroir !

Mais voilà qu'à la scène suivante, dès qu'Églé se retrouve seule, le miroir n'est déjà plus un objet d'éveil et de découverte, il devient le moyen d'apprécier sa beauté et de tester la puissance de ses charmes :

> […] J'ai eu tort de renvoyer mon homme, Carise et Mesrou ne savent ce qu'ils disent. *(En se regardant.)* Si je m'étais mieux considérée, Azor ne serait point parti. Pour aimer toujours ce que je vois là, il n'avait pas besoin de l'absence […]

Églé est gagnée par cet esprit que la vanité de plaire donne aux femmes et qu'on appelle la coquetterie, comme le décrit Marivaux dans *La Vie de Marianne* : cet esprit-là « pour être instruit n'attend pas le nombre des années : il est fin dès qu'il est venu ; dans les choses de son ressort, il a toujours la théorie de ce qu'il voit mettre en pratique. C'est un enfant de l'orgueil qui naît tout élevé » (voir p. 99).

Repères

LE MIROIR

Le miroir est un objet complexe et riche en significations. Il peut paradoxalement s'associer aux domaines les plus futiles comme aux recherches spéculatives les plus profondes.

Dans le contexte raffiné et précieux des cours du XVIIIe siècle, le miroir représente l'arme la plus dangereuse de la coquette. Elle essaie sur lui toutes ses mines, les travaille, les affûte avant de les arborer en public et d'atteindre ses victimes. Marivaux raconte d'ailleurs en avoir fait les frais dans la première feuille du *Spectateur français* (voir p. 97). Il faut donc voir dans le miroir de la coquette le symbole de la futilité des apparences, de la superficialité et de l'inconsistance morale.

Néanmoins, cette futilité peut aussi faire du miroir l'objet même de l'illusion et des métamorphoses. C'est pourquoi il s'agit d'un objet si prisé par le monde baroque. Non seulement le thème de Narcisse est un sujet de prédilection de la littérature de cette époque, mais les jeux de mise en abyme et de démultiplication sont aussi les effets de trompe-l'œil les plus répandus de l'esthétique baroque ou rococo : palais des glaces, miroir déformant, miroir sans tain, kaléïdoscope... Instrument du mensonge, le miroir prouve aux hommes combien ils peuvent facilement se laisser abuser par leurs sens.

Inversement, le miroir peut aussi représenter un objet de vérité à la façon du célèbre conte de Blanche-Neige. Parce qu'il trahit le vieillissement et tend à l'individu l'image de sa décrépitude physique, on en a fait un objet de mort rappelant la fugacité de la jeunesse et la vanité de la beauté, ce qu'illustre parfaitement le tableau de Quentin de la Tour : *Madeleine au miroir*.

Cependant en latin, miroir se dit « speculum » et le mot a justement donné spéculation en français. Le miroir peut, en effet, être envisagé comme un objet de connaissance. C'est pourquoi Gide et Valéry ont vu dans le mythe de Narcisse le mythe de la recherche de soi et de l'introspection. Objet mystérieux et fascinant, le miroir ouvre une porte sur un autre monde, un abîme dans lequel peut s'engloutir l'observateur, c'est-à-dire les ressources intérieures de l'être, les profondeurs de son imaginaire. C'est précisément ce que tend à montrer Lewis Caroll dans *Alice au pays des merveilles* et *À travers le miroir* (1871).

Cet autre monde, cet envers du monde réel, certains l'ont envisagé comme l'espace de l'au-delà, tel Cocteau qui imaginait que la mort passait dans le monde des vivants en traversant les miroirs (voir p. 121).

C'est pourquoi, à partir de la scène 9, le miroir devient un véritable instrument de mesure et suscite le conflit. Les deux femmes se comparent au début de la scène, mais à la fin elles dégainent leur miroir comme une arme :

> ÉGLÉ – [...] et puis j'ai un miroir qui achève de me confirmer tout ce que mon Azor et le ruisseau assurent ; y a-t-il rien de plus fort ?
>
> ADINE, *en riant* – Un miroir ! vous avez aussi un miroir ! Eh ! à quoi vous sert-il ? à vous regarder ? ah! ah ! ah !
>
> ÉGLÉ – Ah! ah ! ah !... n'ai-je pas deviné qu'elle me déplairait ?

ADINE, *en riant* – Tenez, en voilà un meilleur, venez apprendre à vous connaître et à vous taire.

ÉGLÉ, *ironiquement* – Jetez les yeux sur celui-ci pour y savoir votre médiocrité, et la modestie qui vous est convenable avec moi.

La scène 9 révèle que seule la reconnaissance de leur beauté préoccupe réellement Églé et Adine. Azor et Mesrin ne sont ni plus ni moins pour elles que des miroirs parlants et cajolants.

❑ Quête de soi dans l'œil de l'autre

En fait Églé n'aime Azor que dans la mesure où il l'admire, c'est précisément ce qui l'a attirée en lui dès leur première rencontre :

ÉGLÉ – [...] La personne rit, on dirait qu'elle m'admire. *(Azor fait un pas.)* Attendez [...] Ses regards sont pourtant bien doux [...] Savez-vous parler ?

AZOR – Le plaisir de vous voir m'a d'abord ôté la parole.

ÉGLÉ, *gaiement* – La personne m'entend, me répond, et si agréablement !

Le regard d'Azor ne fait que prolonger le reflet du ruisseau, c'est pourquoi Églé guette en lui l'image d'elle-même qu'il lui renvoie. Elle ne cesse de se reconnaître en lui au point d'y voir sa propre féminité comme nous en donne l'impression le jeu des pronoms personnels : « [...] qu'elle est bien faite ! en vérité, vous êtes aussi belle que moi [...] nous nous ressemblons en tout ». C'est ici le reflet de soi dans le regard de l'autre qui importe, et non pas la personne d'Azor. Aussi Églé ne choisira-t-elle pas le portrait d'Azor pour combler son absence, mais son propre portrait. Or, faire office de miroir, voilà qui est à la portée du premier homme venu pourvu qu'il soit sensible à sa beauté, et qu'il puisse lui renvoyer son image.

Prolongements

Pour une étude du regard dans la scène 4 :

1. ***Étudiez le jeu des pronoms personnels dans la scène 4. Comment justifier grammaticalement et logiquement l'emploi du féminin à propos d'Azor ?***
2. ***En quoi peut-on dire qu'Églé projette sa féminité sur Azor et ne reconnaît pas son altérité ?***
3. ***Montrez qu'Églé s'envisage d'emblée comme parangon. En quoi cette attitude trahit-elle déjà la nature de ses sentiments pour Azor ?***

On s'aperçoit que les quatre enfants n'existent que dans la mesure où ils voient pour les garçons et sont vus pour les filles. Exister, pour Églé et Adine, c'est être vues et plaire. On comprend alors que ces personnages n'aient aucune densité ; ils ne sont que des reflets. Les scènes de la pièce se construisent toutes autour du regard, ce regard fondateur de l'être. C'est afin d'exister que les personnages apparaissent constamment en quête de leur propre image, qu'il s'agisse de puiser cette image dans le ruisseau, le miroir, l'œil tendre d'un amant, l'œil jaloux d'une rivale, l'œil compréhensif d'un maître... et que la quête soit conquête ou conflit. Marivaux réduit ici les relations amoureuses à un jeu de regard, fait de narcissisme et de séduction, où l'être n'est jamais que ce qu'il paraît.

L'apprentissage de la vie sociale passe par la découverte de son image (scène 3) ; vivre en société, c'est d'abord prendre conscience de soi, puis guetter dans l'œil de l'autre son propre reflet, que l'image soit flatteuse ou non. Azor et Mesrin jouent de bonne grâce le rôle du miroir et réfléchissent une image qui flatte la vanité d'Églé. Mais Églé a beau scruter le regard d'Adine, celui-ci se refuse à réfléchir une image positive :

> C'est un visage fâché, renfrogné, qui n'est pas noir comme Carise, qui n'est pas blanc comme le mien non

plus, c'est une couleur qu'on ne peut pas bien dire. (scène 12)

En fait ce que reproche Adine à Églé, c'est qu'elle n'ait pas voulu à son tour jouer le rôle du miroir flatteur :

> [...] elle a des yeux, comment vous dirai-je ? des yeux qui ne font pas plaisir, qui regardent, voilà tout.

Cependant, Carise et Mesrou ne jouent pas ce rôle de miroir social puisque, pour Églé, ils ont dû s'enfuir de peur la première fois qu'ils se sont vus (scène 6). Impossible donc de se plonger dans leur regard et de s'y mirer. Mais ce n'est pas seulement en raison de la laideur de leur teint, comme pourraient le dicter les préjugés esthétiques du XVIIIe siècle qui associent la beauté à une peau laiteuse. Sur ce vaste échiquier du jeu amoureux, Marivaux semble jouer avec les oppositions de couleur. Parce qu'ils sont noirs, Carise et Mesrou représentent la véritable altérité. Si les enfants ont l'existence inconsistante d'un reflet, Carise et Mesrou ont l'épaisseur des limites de l'expérience.

Le regard de Marivaux sur les femmes et l'amour est ici particulièrement cynique. Il a fustigé la coquetterie féminine dans la plupart de ses pièces, mais il l'érige ici en drame des relations amoureuses. Le narcissisme des femmes, leur vanité, ne peut que fausser les sentiments et conduit fatalement à l'inconstance. L'analyse que propose ici Marivaux de l'amour est sans doute une des plus pessimistes de son œuvre dramatique, il s'agit du regard d'un homme désabusé sur la nature humaine et l'apparition *ex machina* du couple parfait à la fin de la pièce ne suffit pas à sauver la situation.

Prolongements

- ***Étudiez le champ lexical du regard dans la pièce et relevez le nombre d'occurrences du verbe « voir ». Quelles conclusions en tirez-vous ?***

V. UNE LECTURE AMOUREUSE : LA DÉCLINAISON DU MARIVAUDAGE

> Cette pièce en un acte frappe par sa simplicité et sa netteté. Elle constitue l'un des pôles de l'œuvre de Marivaux, une des clés indispensables à son explication.
>
> Nicolas Bonhôte, *Marivaux ou les Machines de l'Opéra, 1974.*

Écrite en 1744, *La Dispute* est une des dernières pièces de Marivaux. Elle intervient après ses œuvres les plus célèbres et l'on y retrouve en condensé tous les grands thèmes qu'il avait illustrés auparavant. *La Dispute* se présente donc comme un véritable blason de l'œuvre de Marivaux. C'est tout le marivaudage qui s'y décline.

❑ La surprise de l'amour

La Dispute a une dimension très voyeuriste ; Hermiane et le Prince, comme les spectateurs eux-mêmes, sont en situation de guetter les moindres émois amoureux qui se font jour chez ces jeunes enfants qu'ils observent. Surprendre les sentiments des personnages, saisir l'apparition ou la disparition de l'amour dans les cœurs, voilà ce que recherche Marivaux. Il nous donne à voir des personnages au moment même où ils découvrent avec étonnement qu'ils aiment ou qu'ils n'aiment plus.

La surprise de l'amour, l'éveil du désir, ce sont ces moments éphémères qu'aime à saisir Marivaux, ces instants fugaces où les cœurs s'égarent et où les personnages ne savent plus où ils en sont :

> AZOR – Je meurs de joie d'être auprès de vous, je me donne à vous, je ne sais pas ce que je sens, je ne saurais le dire.
>
> ÉGLÉ – Eh ! c'est tout comme moi.
>
> AZOR – Je suis heureux, je suis agité.

ÉGLÉ – Je soupire.

AZOR – J'ai beau être auprès de vous, je ne vous vois pas encore assez.

ÉGLÉ – C'est ma pensée, mais on ne peut pas se voir davantage, car nous sommes là.

AZOR – Mon cœur désire vos mains.

Cette évocation du désir amoureux n'a rien de mièvre et d'éthéré, elle suggère au contraire l'attraction charnelle et inscrit clairement le trouble sur le plan physique. Si le marivaudage aime à jouer sur les nuances du langage et les figures de rhétorique, il n'évacue pas pour autant l'érotisme. Azor a recours à une litote et derrière « J'ai beau être auprès de vous, je ne vous vois pas encore assez », il faut comprendre : vous voir ne me suffit plus, puis-je vous toucher…

Repères

LES FIGURES DU « DIRE SANS DIRE »

1. La litote

Consiste à dire **moins** pour faire comprendre **plus**, c'est-à-dire à maintenir l'expression en deçà de ce que l'on souhaite communiquer.

Ex. : **« Va, je ne te hais point »** (Corneille), pour : « Je t'aime toujours ».
Chatouiller les côtes, pour : battre, donner des coups de bâton.

Le procédé de litote le plus courant s'appuie sur la négation : au lieu d'affirmer positivement une chose, on nie son contraire.

Ex. : **Il ne fait pas chaud**, pour : il fait froid.
Ce n'est pas mal, pour : c'est bien.
Églé : « [...] je ne suis pas de bonne humeur », pour : « J'ai du chagrin ».

2. L'euphémisme

Consiste à **atténuer** une réalité trop brutale ou indécente par une image, une approximation, une double négation, etc.

Ex. : **Mal-entendant**, pour : sourd.

Non-voyant, pour : aveugle.

« Elle a vécu Myrto, la jeune Tarentine » (Chénier), pour : « Elle est morte ».

3. La périphrase

Consiste à **éviter** le terme précis pour le remplacer par sa définition, sa description, ses attributs, ses qualités, ses correspondances mythologiques, etc.

Ex. : **L'astre du jour**, pour : le soleil.

L'oiseau de Jupiter, pour : l'aigle.

« Une boucherie héroïque » (Voltaire), pour : la guerre.

« Des filles éventrées après avoir assouvi les besoins naturels de quelques héros » (Voltaire), pour : « des filles violées par des soldats ».

4. La circonlocution

Consiste à **ne pas aborder directement** l'idée, mais à tourner autour de manière allusive. Elle est à la phrase ce que la périphrase est au mot.

5. L'antiphrase

Consiste **à dire le contraire** de ce que l'on pense. Mais la réalité du message se déduit par le contexte. Ce procédé produit l'effet d'ironie.

Ex. : **C'est malin !**

Tout est pour le mieux dans le meilleur des mondes.

Adine, riant : « Bonjour, la belle Églé [...] », (alors qu'elle n'a jamais voulu admettre sa beauté).

6. La métonymie

Consiste à désigner une chose par un terme qui en désigne une autre, unie à la première par un rapport de contiguïté.

Prendre la matière pour l'objet.
Ex. : **Croiser le fer** : l'épée.
Le contenant pour le contenu.
Ex. : **Boire un verre** : une boisson.
La partie pour le tout.
Ex. : **Une voile à l'horizon** : un navire.
Avoir un toit : une maison, etc.
« Vos yeux assez longtemps ont régné sur mon âme » (Racine).

Mais la surprise de l'amour qui s'enfuit laisse dans le même état d'égarement :

> ÉGLÉ – Vous nous disiez tantôt qu'en fait d'amitié on ne sait ce qui peut arriver ?
>
> CARISE – Il est vrai.
>
> ÉGLÉ – Eh bien ! je ne sais ce qui m'arrive.
>
> CARISE – Mais qu'avez-vous ?
>
> ÉGLÉ – Il me semble que je suis fâchée contre moi, que je suis fâchée contre Azor, je ne sais à qui j'en ai. (scène 15)

Au cours de la pièce, les enfants vont de découverte en découverte, les surprises de l'amour sous toutes leurs formes surgissent l'une après l'autre dans leur cœur vierge et candide : surprise de l'amour-propre pour Églé à la scène 3 :

> Je passerais ma vie à me contempler ; que je vais m'aimer à présent !

– surprise du désir à la scène suivante, surprise de la vanité pour les deux filles à la scène 9, surprise de l'amitié pour les garçons à la scène 13, surprise de la jalousie pour Azor à la scène 14 :

> Oh ! doucement ; ce n'est pas ici votre blanche, c'est la mienne, ces deux mains sont à moi, vous n'y avez rien.

– surprise de l'inconstance à la scène 15 pour Églé qui cède à l'attrait du changement. Aussi, au terme de l'expérience, les enfants ont-ils fait leurs gammes, plus rien ne les effarouche. Leur cœur s'est aguerri au rituel de la séduction et c'est Églé qui, sans vergogne, fait des avances à Meslis.

Prolongements

♦ ***Étudiez dans l'ensemble de la pièce les exemples de figures du discours qui relèvent du « dire sans dire ».***

❑ Le jeu de l'amour et du hasard

Le thème du jeu est plus que jamais présent dans cette pièce où les enfants sont manipulés comme des pions. Ceux-ci font en effet le jeu de l'amour, ils sont ballottés par leurs sentiments et victimes des tribulations de leur cœur, comme le reconnaît Églé :

> Je ne suis contente de rien, d'un côté, le changement me fait peine, de l'autre, il me fait plaisir ; je ne puis pas plus empêcher l'un que l'autre ; ils sont tous deux de conséquence ; auquel des deux suis-je le plus obligée ? Faut-il me faire de la peine ? Faut-il me faire du plaisir ? […] Mon bon cœur le condamne, mon bon cœur l'approuve, il dit oui, il dit non, il est de deux avis, il n'y a donc qu'à choisir le plus commode.

Le hasard des rencontres, le voilà le grand ennemi de la constance amoureuse, le grand agitateur des cœurs. « Sait-on ce qui peut arriver ? » suggérait Mesrou, d'autant que lui et Carise sont en fait ici les vrais ordonnateurs du hasard. Ce sont eux qui font et défont les couples.

Mais ce jeu de manipulation n'est pas dénué de perversité. Même si la cruauté est finalement désamorcée par le ridicule attendrissant d'Églé qui veut tout : aimer Mesrin sans perdre Azor et séduire déjà Meslis ; on voit se profiler au loin l'univers perfide des *Liaisons dangereuses* de Laclos.

Le « jeu de société » dont les enfants découvrent ici les rudiments, n'est autre que le libertinage…

Repères

LE MARIVAUDAGE

Marivaux a donné son nom au genre dramatique qu'il avait inventé : le marivaudage. Quelles sont donc les spécificités de ce théâtre ? S'agit-il comme l'affirmait Voltaire de « pes[er] des riens avec des balances en toile d'araignée » ?

En fait, ce style se signale d'abord par un goût particulier pour la fantaisie et le romanesque. Marivaux n'hésite pas à faire apparaître une île magique (*L'Île de la raison*, 1725), une fée et ses enchantements (*Arlequin poli par l'amour*, 1720) ou encore un Prince amoureux décidé à faire le bonheur d'une jeune paysanne (*La Double Inconstance*, 1723)…

Ensuite, le seul argument de ce théâtre est la naissance de l'amour, l'éveil du désir et le chemin qu'il fait dans les cœurs. Quant à la tension dramatique, elle repose le plus souvent sur le principe de mise à l'épreuve. Pas de marivaudage sans pesée, sans mesure, sans balancement des cœurs.

L'action est donc essentiellement psychologique comme les obstacles qui l'entravent ou la font rebondir. Les coups de théâtre chez Marivaux sont des coups du cœur : amour-propre, fierté, honte, jalousie…

Enfin, l'ensemble est orchestré comme un jeu, qu'il s'agisse des déguisements du *Jeu de l'amour et du hasard* ou des manipulations de Flaminia dans *La Double Inconstance*. C'est pourquoi le spectateur se retrouve facilement dans la position d'un « voyeur-complice ».

Mais où se trouve l'action dramatique ? Dans les mots ! Tout se passe au niveau du langage. Le marivaudage est une alchimie du discours qui pèse, distille, teste les sentiments pour y détecter l'amour et en révéler peu à peu la couleur aux âmes sensibles mais aveugles. Tout l'art de Marivaux consiste à faire glisser les personnages de l'artifice du discours à la sincérité du sentiment. C'est pourquoi le langage de ses pièces se fait tour à tour voile et dévoilement. Aussi ne faut-il pas voir dans le marivaudage un simple manège de galanteries badines et délicates, mais plutôt l'expression des pudeurs de l'érotisme.

❑ La double inconstance

Un des plus grands tours de force de Marivaux est de faire de l'inconstance un sujet de comédie. L'infidélité ne conduit pas au drame dans ses pièces, mais suscite au contraire le sourire. C'est que l'inconstance ne touche jamais un seul personnage, elle se répand comme une véritable épidémie et gagne bientôt tout le monde. Si elle fait éclater des couples, elle en recrée immédiatement d'autres. Un petit jeu de chassé-croisé et chacun trouve sa chacune, personne ne reste sur le carreau.

On peut ainsi relever une certaine ambiguïté dans le discours de Marivaux. Le principe de la double inconstance par lequel tout s'arrange, a tendance à faire de l'infidélité une simple fatalité qui grâce à la providence mènera au bonheur de tous. Voilà qui n'est peut-être pas très moral…

La Dispute présente d'emblée l'infidélité comme une faute dont il faut savoir qui l'a commise le premier, l'homme ou la femme. Malgré les mises en garde et les injonctions de Carise et Mesrou, Églé finit par céder à son désir de changement, elle se jette dans les bras de Mesrin et fait preuve d'inconstance. Pourtant point de drame, tout est pour le mieux : Azor a perdu Églé, mais il a trouvé Adine, Mesrin a laissé Adine, mais elle a trouvé Azor.

Que faut-il comprendre ? N'est-ce pas une fin bien subversive et bien cynique ? L'inconstance est un mal universel, le libertinage est inévitable. Aussi les deux tourtereaux qui apparaissent à la fin pour sauver les apparences ont une crédibilité bien artificielle.

Prolongements

À vous de jouer ! Imaginons que vous ayez à réaliser la mise en scène de La Dispute :

1. ***Quel espace et quel décor choisiriez-vous ?***
2. ***Quels comédiens imagineriez-vous dans chacun des rôles ? Quels costumes souhaiteriez-vous pour les personnages ?***
3. ***Quels partis pris adopteriez-vous ? (sincérité du Prince ou manigance, expérience pseudo-scientifique ou comédie, etc.)***
4. ***Comment envisageriez-vous le jeu des personnages noirs ? (domestiques ou sorciers, manipulateurs ou précepteurs, eunuques ou bons sauvages, etc.)***

Vous justifierez dans tous les cas votre réponse.

Chronologie des œuvres dramatiques de Marivaux

1720	***Annibal***, cinq actes en vers
	Arlequin poli par l'amour, un acte
1722	***La Surprise de l'amour***, trois actes
1723	***La Double Inconstance***, trois actes
1724	***Le Prince travesti***, trois actes
	La Fausse Suivante, trois actes
	Le Dénouement imprévu, un acte
1725	***L'Île des esclaves***, un acte
	L'Héritier de village, un acte
	L'Île de la raison, trois actes
	La Seconde Surprise de l'amour, trois actes
1728	***Le Triomphe de Plutus***, un acte
1729	***La Colonie***, un acte
1730	***Le Jeu de l'amour et du hasard***, trois actes
1731	***La Réunion des amours***, un acte
1732	***Le Triomphe de l'amour***, trois actes
	Les Serments indiscrets, cinq actes
	L'École des mères, un acte
1733	***L'Heureux Stratagème***, trois actes
1734	***La Méprise***, un acte
	Le Petit Maître corrigé, trois actes
1735	***La Mère confidente***, trois actes
1736	***Le Legs***, un acte
1737	***Les Fausses Confidences***, trois actes
1738	***La Joie imprévue***, un acte
1739	***Les Sincères***, un acte
1740	***L'Épreuve***, un acte
1744	***La Dispute***, un acte
1746	***Le Préjugé vaincu***, un acte
1757	***Félicie***, un acte
	Les Acteurs de bonne foi, un acte

La Dispute, mise en scène de Patrice Chéreau au TNP de Villeurbanne, 1972. Ph. Ohanian © Rapho.

LA DISPUTE ET LA SCÈNE

Jouée le 19 octobre 1744 par les comédiens français, *La Dispute* fut boudée par le public, on la jugea trop originale, trop sombre, et Marivaux fut contraint de la retirer de l'affiche. Du reste il attendit plus de deux ans pour la faire publier, et ce fut sans nom d'auteur.

C'est seulement deux siècles plus tard que la pièce fut reprise à la Comédie-Française dans une mise en scène de Jean Martinelli. Il inscrivit la pièce dans un univers oriental évoquant les contes des *Mille et Une Nuits* et faisant des personnages des espèces de poupées sorties de l'imaginaire. On donna peu de représentations et sans grand succès.

En fait, ce fut le spectacle de Chéreau au TNP de Villeurbanne qui révéla la pièce et créa l'événement en 1974, en restituant à la comédie toute sa dimension. Il choisit délibérément la référence aux enfants sauvages et fit jouer Carise et Mesrou par des chanteurs de blues noirs américains. Il évita d'édulcorer la pièce et d'en faire un conte féérique pour créer au contraire l'atmosphère dense et étouffante d'une vraie forêt aux feuilles frémissantes, aux ombres inquiétantes, forêt des peurs ataviques, forêt symbole du « ça » et de ses pulsions primaires.

DOCUMENTS COMPLÉMENTAIRES

Lorsque la coquette paraît...

La société mondaine est une vaste comédie où la femme doit se composer un personnage, elle se farde, étudie ses mines, multiplie les artifices et voilà la coquette qui paraît... Cet éternel féminin a rarement laissé indifférents moralistes ou romanciers. Marivaux quant à lui a construit presque toute son œuvre autour de ce personnage, et a étudié avec minutie les rouages de cette grande entreprise de séduction que déploie la coquette, ce qu'il appelle « les machines de l'Opéra ».

❑ Texte I

[Fin observateur de la société mondaine et grand moraliste du siècle classique, La Bruyère n'a pas oublié la coquette dans sa fameuse galerie de portraits des *Caractères*.]

Quelques jeunes personnes ne connoissent point assez les avantages d'une heureuse nature, et combien il leur seroit utile de s'y abandonner. Elles affoiblissent ces dons du ciel, si rares et si fragiles, par des manières affectées et par une mauvaise imitation. Leur son de voix et leur démarche sont empruntés. Elles se composent, elles se recherchent, regardent dans un miroir si elles s'éloignent assez de leur naturel. Ce n'est pas sans peine qu'elles plaisent moins.

Chez les femmes, se parer et se farder n'est pas, je l'avoue, parler contre sa pensée ; c'est plus aussi que le travestissement et la mascarade, où l'on ne se donne point pour ce que l'on paroît être, mais où l'on pense seulement à se cacher et à se faire ignorer : c'est chercher à imposer aux yeux, et vouloir paroître selon l'extérieur contre la vérité ; c'est une espèce de menterie.

Il faut juger les femmes depuis la chaussure jusqu'à la coiffure exclusivement, à peu près comme on mesure le poisson entre tête et queue.

[…]

Une femme coquette ne se rend point sur la passion de plaire, et sur l'opinion qu'elle a de sa beauté. Elle regarde le temps et les années comme quelque chose seulement qui ride et qui enlaidit les autres femmes ; elle oublie du moins que l'âge est écrit sur le visage. La même parure qui a autrefois embelli sa jeunesse défigure enfin sa personne, éclaire les défauts de sa vieillesse. La mignardise et l'affectation l'accompagnent dans la douleur et dans la fièvre. Elle meurt parée et en rubans de couleur.

[…]

Une femme qui n'a qu'un galant croit n'être point coquette : celle qui a plusieurs galants croit n'être que coquette.

Telle femme évite d'être coquette par un ferme attachement à un seul, qui passe pour folle par son mauvais choix.

Un ancien galant tient à si peu de choses, qu'il cède à un nouveau mari ; et celui-ci dure si peu, qu'un nouveau galant qui survient lui rend le change.

[…]

Il y a peu de galanteries secrètes. Bien des femmes ne sont pas mieux désignées par le nom de leurs maris que par celui de leurs amants.

Une femme galante veut qu'on l'aime ; il suffit à une coquette d'être trouvée aimable et de passer pour belle. Celle-là cherche à s'engager ; celle-ci se contente de plaire. La première passe successivement d'un engagement à un autre ; la seconde a plusieurs amusements tout à la fois. Ce qui domine dans l'une, c'est la passion et le plaisir ; et dans l'autre, c'est la vanité et la légèreté. La galanterie est un foible du cœur, ou peut-être un vice de la complexion ; la coquetterie est un déréglement de l'esprit. La femme galante se fait craindre, et la coquette se fait haïr. L'on peut tirer de ces deux caractères de quoi en faire un troisième, le pire de tous.

Une femme foible est celle à qui l'on reproche une faute, qui se la reproche à elle-même, dont le cœur combat la raison, qui veut guérir, qui ne guérira point, ou bien tard.

Une femme inconstante est celle qui n'aime plus ; une légère, celle qui déjà en aime un autre ; une volage, celle qui ne sait si elle aime et ce qu'elle aime ; une indifférente, celle qui n'aime rien.

La Bruyère,
« Les femmes », *Les Caractères*, 1688.

❑ Texte II

[Grand amoureux arrivé à la fleur de l'âge, M. de Meilcour retrace ses souvenirs et nous fait partager son expérience des femmes avec tout le cynisme qui caractérise le libertin qu'il est devenu.]

Une femme, quand elle est jeune, est plus sensible au plaisir d'inspirer des passions, qu'à celui d'en prendre. Ce qu'elle appelle tendresse, n'est le plus souvent qu'un goût vif, qui la détermine plus promptement que l'amour même, l'amuse pendant quelque temps, et s'éteint sans qu'elle le sente ou le regrette. Le mérite de s'attacher un amant pour toujours ne vaut pas à ses yeux celui d'en enchaîner plusieurs. Plutôt suspendue que fixée, toujours livrée au caprice, elle songe moins à l'objet qui la possède qu'à celui qu'elle voudrait qui la possédât. Elle attend toujours le plaisir, et n'en jouit jamais : elle se donne un amant, moins parce qu'elle le trouve aimable, que pour prouver qu'elle l'est. Souvent elle ne connaît pas mieux celui qu'elle quitte que celui qui lui succède. Peut-être si elle avait pu le garder plus longtemps, l'aurait-elle aimé ; mais est-ce sa faute si elle est infidèle ? Une jolie femme dépend bien moins d'elle-même que des circonstances ; et par malheur il s'en trouve tant, de si peu prévues, de si pressantes, qu'il n'y a point à s'étonner si, après plusieurs aventures, elle n'a connu ni l'amour, ni son cœur.

Est-elle parvenue à cet âge où ses charmes commencent à décroître, où les hommes indifférents pour elle lui annoncent par leur froideur que bientôt ils ne la verront qu'avec dégoût, elle songe à prévenir la solitude qui l'attend. Sûre autrefois qu'en changeant d'amants, elle ne changeait que de plaisirs ; trop heureuse alors de conserver le seul qu'elle possède, ce que lui a coûté sa conquête la lui rend précieuse. Constante par la perte qu'elle ferait à ne l'être pas, son cœur peu à peu s'accoutume au sentiment. Forcée par la bienséance d'éviter tout ce qui aidait à la dissiper et à la corrompre, elle a besoin pour ne pas tomber dans la langueur de se livrer tout entière à l'amour, qui, n'étant dans sa vie passée qu'une occupation momentanée et confondue avec mille autres, devient alors son unique ressource : elle s'y attache avec fureur ; et ce qu'on croit la dernière fantaisie d'une femme est bien souvent sa première passion.

CRÉBILLON,
Les Égarements du cœur et de l'esprit, 1736.

❑ Texte III

[Les « machines de l'Opéra » ou comment Marivaux a découvert les coulisses de la coquetterie.]

À l'âge de dix-sept ans, je m'attachai à une jeune demoiselle, à qui je dois le genre de vie que j'embrassai. Je n'étais pas mal fait alors, j'avais l'humeur douce et les manières tendres. La sagesse que je remarquais dans cette fille m'avait rendu sensible à sa beauté. Je lui trouvais d'ailleurs tant d'indifférence pour ses charmes, que j'aurais juré qu'elle les ignorait. Que j'étais simple dans ce temps-là ! Quel plaisir ! disais-je en moi-même, si je puis me faire aimer d'une fille qui ne souhaite pas d'avoir des amants, puisqu'elle est belle sans y prendre garde, et que, par conséquent, elle n'est pas coquette. Jamais je ne me séparerais d'elle que ma tendre surprise n'augmentât de voir tant de grâces dans un objet qui ne s'en estimait pas davantage. Était-elle assise ou debout, parlait-elle ou marchait-elle ? Il semblait toujours qu'elle n'y entendait point finesse, et qu'elle ne songeait à rien moins qu'à être ce qu'elle était.

Un jour qu'à la campagne je venais de la quitter, un gant que j'avais oublié fit que je retournai sur mes pas pour l'aller chercher ; j'aperçus la belle de loin, qui se regardait dans un miroir, et je remarquai, à mon grand étonnement, qu'elle s'y représentait à elle-même dans tous les sens où durant notre entretien j'avais vu son visage ; il se trouvait que ses airs de physionomie que j'avais crus si naïfs n'étaient, à les bien nommer, que des tours de gibecière[1] ; je jugeais de loin que sa vanité en adoptait quelques-uns, qu'elle en réformait d'autres ; c'était de petites façons,

1. Escamotage, prestidigitation.

qu'on aurait pu noter, et qu'une femme aurait pu apprendre comme un air de musique. Je tremblai du péril que j'aurais couru si j'avais eu le malheur d'essuyer encore de bonne foi ses friponneries, au point de perfection où son habileté les portait ; mais je l'avais crue naturelle et ne l'avais aimée que sur ce pied-là ; de sorte que mon amour cessa tout d'un coup, comme si mon cœur ne s'était attendri que sous condition. Elle m'aperçut à son tour dans son miroir, et rougit. Pour moi, j'entrai en riant, et ramassant mon gant :

– Ah ! Mademoiselle, je vous demande pardon, lui dis-je, d'avoir mis jusqu'ici sur le compte de la nature des appas dont tout l'honneur n'est dû qu'à votre industrie.

– Qu'est-ce que c'est ? que signifie ce discours ? me répondit-elle.

– Vous parlerai-je plus franchement ? lui dis-je, je viens de voir les machines de l'Opéra. Il me divertira toujours, mais il me touchera moins.

Je sortis là-dessus, et c'est de cette aventure que naquit en moi cette misanthropie qui ne m'a point quitté, et qui m'a fait passer ma vie à examiner les hommes, et à m'amuser de mes réflexions.

MARIVAUX,
Le Spectateur français (1re feuille).

❑ Texte IV

[Vieille comtesse retirée du monde, Marianne confie à une amie les aventures de sa jeunesse et les réflexions morales que lui inspirent ses souvenirs...
Alors modeste orpheline, nouvellement débarquée à Paris, elle vient de recevoir en cadeau un habit à la mode.]

Je me mis donc vite à me coiffer et à m'habiller pour jouir de ma parure ; il me prenait des palpitations en songeant combien j'allais être jolie : la main m'en tremblait à chaque épingle que j'attachais ; je me hâtais d'achever sans rien précipiter pourtant : je ne voulais rien laisser d'imparfait. Mais j'eus bientôt fini, car la perfection que je connaissais était bien bornée ; je commençais avec des dispositions admirables, et c'était tout.

Vraiment, quand j'ai connu le monde, j'y faisais bien d'autres façons. Les hommes parlent de science et de philosophie ; voilà quelque chose de beau, en comparaison de la science de bien placer un ruban, ou de décider de quelle couleur on le mettra !

Si on savait ce qui se passe dans la tête d'une coquette en pareil cas, combien son âme est déliée et pénétrante ; si on voyait la finesse des jugements qu'elle fait sur les goûts qu'elle essaye, et puis qu'elle rebute, et puis qu'elle hésite de choisir, et qu'elle choisit enfin par pure lassitude ; car souvent elle n'est pas contente, et son idée va toujours plus loin que son exécution ; si on savait tout ce que je dis là, cela ferait peur, cela humilierait les plus forts esprits, et Aristote ne paraîtrait plus qu'un petit garçon. C'est moi qui le dis, qui le sais à merveille ; et qu'en fait de parure, quand on a trouvé ce qui est bien, ce n'est pas grand chose, et qu'il faut trouver le mieux pour aller de là au mieux du mieux ; et que, pour attraper ce dernier mieux, il faut lire dans l'âme des hommes, et savoir préférer ce qui la gagne le plus à ce qui ne fait que la gagner beaucoup : et cela est immense !

Je badine un peu sur notre science, et je n'en fais point de façon avec vous, car nous ne l'exerçons plus ni l'une ni l'autre ; et à mon égard, si quelqu'un riait de m'avoir vu coquette, il n'a qu'à me venir trouver, je lui en dirai bien d'autres, et nous verrons qui de nous deux rira le plus fort.

J'ai eu un petit minois qui ne m'a pas mal coûté de folies, quoiqu'il ne paraisse guère les avoir méritées à la mine qu'il fait aujourd'hui : aussi il me fait pitié quand je le regarde, et je ne le regarde que par hasard ; je ne lui fais presque plus cet honneur-là exprès. Mais ma vanité, en revanche, s'en est bien donné autrefois : je me jouais de toutes les façons de plaire, je savais être plusieurs femmes en une. Quand je voulais avoir un air fripon, j'avais un maintien et une parure qui faisaient mon affaire ; le lendemain on me retrouvait avec des grâces tendres ; ensuite j'étais une beauté modeste, sérieuse, nonchalante. Je fixais l'homme le plus volage ; je dupais son inconstance, parce que tous les jours je lui renouvelais sa maîtresse, et c'était comme s'il en avait changé. [...]

Nous avons deux sortes d'esprits, nous autres femmes. Nous avons d'abord le nôtre, qui est celui que nous recevons de la nature, celui qui nous sert à raisonner, suivant le degré qu'il a, qui devient ce qu'il peut, et qui ne sait rien qu'avec le temps.

Et puis nous en avons encore un autre, qui est à part du nôtre, et qui peut se trouver dans les femmes les plus sottes. C'est l'esprit que la vanité de plaire nous donne, et qu'on appelle, autrement dit, la coquetterie.

Oh ! celui-là, pour être instruit, n'attend pas le nombre des années : il est fin dès qu'il est venu ; dans les choses de son ressort, il a toujours la théorie de ce qu'il voit mettre en pratique. C'est un enfant de l'orgueil qui naît tout élevé, qui manque d'abord d'audace, mais qui n'en pense pas moins. Je crois qu'on peut lui enseigner des grâces et de l'aisance ; mais il n'apprend que la forme, et jamais le fond. Voilà mon avis.

MARIVAUX,
La Vie de Marianne, 1re partie.

❑ Texte V

[Échouée avec sa servante, Cléanthis, sur une île où les domestiques prennent le pouvoir et échangent leur rôle (et leur nom) avec les maîtres afin de corriger leurs défauts, Euphrosine doit subir l'épreuve du portrait pour soigner sa coquetterie ridicule.]

CLÉANTHIS – Oh ! que cela est bien inventé ! Allons, me voilà prête ; interrogez-moi, je suis dans mon fort.

EUPHROSINE, *doucement* – Je vous prie, Monsieur, que je me retire, et que je n'entende point ce qu'elle va dire.

TRIVELIN – Hélas ! ma chère dame, cela n'est fait que pour vous ; il faut que vous soyez présente.

CLÉANTHIS – Restez, restez ; un peu de honte est bientôt passé.

TRIVELIN – Vaine, minaudière et coquette, voilà d'abord à peu près sur quoi je vais vous interroger au hasard. Cela la regarde-t-il ?

CLÉANTHIS – Vaine, minaudière et coquette, si cela la regarde ? Eh ! voilà ma chère maîtresse ; cela lui ressemble comme son visage.

EUPHROSINE – N'en voilà-t-il pas assez, Monsieur ?

TRIVELIN – Ah ! je vous félicite du petit embarras que cela vous donne ; vous sentez, c'est bon signe, et j'en augure bien pour l'avenir : mais ce ne sont encore là que les grands traits ; détaillons un peu cela. En quoi donc, par exemple, lui trouvez-vous les défauts dont nous parlons ?

CLÉANTHIS – En quoi ? partout, à toute heure, en tous lieux ; je vous ai dit de m'interroger ; mais par où commencer ? je n'en sais rien, et je m'y perds. Il y a tant de choses, j'en ai tant vu, tant remarqué de toutes les espèces, que cela se brouille. Madame se tait, Madame parle ; elle regarde, elle est triste, elle est gaie : silence, discours, regards, tristesse et joie, c'est tout un, il n'y a que la couleur de différente ; c'est vanité muette, contenue ou fâchée ; c'est coquetterie babillarde, jalouse ou curieuse ; c'est Madame, toujours vaine ou coquette, l'un après l'autre, ou tous les deux à la fois : voilà ce que c'est, voilà par où je débute ; rien que cela.

EUPHROSINE – Je n'y saurais tenir.

TRIVELIN – Attendez donc, ce n'est qu'un début.

CLÉANTHIS – Madame se lève ; a-t-elle bien dormi, le sommeil l'a-t-il rendue belle, se sent-elle du vif, du sémillant dans les yeux ? vite, sur les armes ; la journée sera glorieuse. « Qu'on m'habille ! » Madame verra du monde aujourd'hui ; elle ira aux spectacles, aux promenades, aux assemblées ; son visage peut se manifester, peut soutenir le grand jour, il fera plaisir à voir, il n'y a qu'à le promener hardiment, il est en état, il n'y a rien à craindre.

TRIVELIN, *à Euphrosine* – Elle développe assez bien cela.

CLÉANTHIS – Madame, au contraire, a-t-elle mal reposé ? « Ah ! qu'on m'apporte un miroir ; comme me voilà faite ! que je suis mal bâtie ! » Cependant on se mire, on éprouve son visage de toutes les façons, rien ne réussit ; des yeux battus, un teint fatigué ; voilà qui est fini, il faut envelopper ce visage-là, nous n'aurons que du négligé, Madame ne verra personne aujoud'hui, pas même le jour, si elle peut ; du moins fera-t-il sombre dans la chambre. Cependant, il vient compagnie, on entre : que va-t-on penser du visage de Madame ? on croira qu'elle enlaidit : donnera-t-elle ce plaisir-là à ses bonnes amies ? Non, il y a remède à tout : vous allez voir. « Comment vous portez-vous, Madame ? – Très mal, Madame ; j'ai perdu le sommeil ; il y a huit jours que je n'ai fermé l'œil ; je n'ose pas me montrer, je fais peur. » Et cela veut dire : Messieurs, figurez-vous que ce n'est point moi, au moins ; ne me regardez pas, remettez à me voir ; ne me jugez pas aujourd'hui ; attendez que j'aie dormi. J'entendais tout cela, car nous autres esclaves, nous sommes doués contre nos maîtres d'une pénétration !... Oh ! ce sont de pauvres gens pour nous.

TRIVELIN, *à Euphrosine* – Courage, Madame ; profitez de cette peinture-là, car elle me paraît fidèle.

EUPHROSINE – Je ne sais où j'en suis.

CLÉANTHIS – Vous en êtes aux deux tiers ; et j'achèverai, pourvu que cela ne vous ennuie pas.

TRIVELIN – Achevez, achevez ; Madame soutiendra bien le reste.

CLÉANTHIS – Vous souvenez-vous d'un soir où vous étiez avec ce cavalier si bien fait ? J'étais dans la chambre ; vous vous entreteniez bas ; mais j'ai l'oreille fine : vous vouliez lui plaire sans faire semblant de rien ; vous parliez d'une femme qu'il voyait souvent. « Cette femme-là est aimable, disiez-vous ; elle a les yeux petits, mais très doux » ; et là-dessus vous ouvriez les vôtres, vous vous donniez des tons, des gestes de tête, de petites contorsions, des vivacités. Je riais. Vous réussîtes pourtant, le cavalier s'y prit ; il vous offrit son cœur. « À moi ? lui dîtes-vous. – Oui, Madame, à vous-même, à tout ce qu'il y a de plus aimable au monde. – Continuez, folâtre, continuez », dîtes-vous, en ôtant vos gants sous prétexte de m'en demander d'autres. Mais vous avez la main belle ; il la vit, il la prit, il la baisa ; cela anima sa déclaration ; et c'était là les gants que vous demandiez. Eh bien ! y suis-je ?

TRIVELIN, *à Euphrosine* – En vérité, elle a raison.

CLÉANTHIS – Écoutez, écoutez, voici le plus plaisant. Un jour qu'elle pouvait m'entendre, et qu'elle croyait que je ne m'en doutais pas, je parlais d'elle, et je dis : « Oh ! pour cela il faut l'avouer, Madame est une des plus belles femmes du monde. » Que de bontés, pendant huit jours, ce petit mot-là ne me valut-il pas ! J'essayai en pareille occasion de dire que Madame était une femme très raisonnable : oh ! je n'eus rien, cela ne prit point ; et c'était bien fait, car je la flattais.

EUPHROSINE – Monsieur, je ne resterai point, ou l'on me fera rester par force ; je ne puis en souffrir davantage.

TRIVELIN – En voilà donc assez pour à présent.

CLÉANTHIS – J'allais parler des vapeurs de mignardises auxquelles Madame est sujette à la moindre odeur. Elle ne sait pas qu'un jour je mis à son insu des fleurs dans la ruelle de son lit pour voir ce qu'il en serait. J'attendais une vapeur, elle est encore à venir. Le lendemain, en compagnie, une rose parut ; crac ! la vapeur arrive.

TRIVELIN – Cela suffit, Euphrosine ; promenez-vous un moment à quelques pas de nous, parce que j'ai quelque chose à lui dire : elle ira vous rejoindre ensuite.

CLÉANTHIS, *s'en allant* – Recommandez-lui d'être docile au moins. Adieu, notre bon ami, je vous ai diverti, j'en suis bien aise. Une autre fois je vous dirai comme quoi Madame s'abstient souvent de mettre de beaux habits, pour en mettre un négligé qui lui marque tendrement la taille. C'est encore une finesse que cet habit-là ; on dirait qu'une femme qui le met ne se soucie pas de paraître, mais à d'autres ! on s'y ramasse dans un corset appétissant, on y montre sa bonne façon naturelle ; on y dit aux gens : « Regardez mes grâces, elles sont à moi, celles-là » ; et d'un autre côté on veut leur dire aussi : « Voyez comme je m'habille, quelle simplicité ! il n'y a point de coquetterie dans mon fait. »

TRIVELIN – Mais je vous ai priée de nous laisser.

CLÉANTHIS – Je sors, et tantôt nous reprendrons le discours, qui sera fort divertissant ; car vous verrez aussi comme quoi Madame entre dans une loge au spectacle, avec quelle emphase, avec quel air imposant, quoique d'un air distrait et sans y penser ; car c'est la belle éducation qui donne cet orgueil-là. Vous verrez comme dans la loge on y jette un regard indifférent et dédaigneux sur des femmes qui sont à côté, et qu'on ne connaît pas. Bonjour, notre bon ami, je vais à notre auberge.

MARIVAUX,
L'Île des esclaves, extrait de la scène III.

Miroir : quête de soi ou quête de l'autre ?

La contemplation de soi dans un miroir est un thème artistique qui évoque la quête du moi, la quête de l'identité, et n'a pas seulement une dimension narcissique : au fond du miroir, on retrouve le monde. En fait cette image de soi que l'on reconnaît dans le miroir est une image sociale, une image construite par le regard d'autrui. La conscience d'exister passe par la reconnaissance de soi et des autres. Aussi dans la solitude et l'isolement le plus total, cette image s'effrite-t-elle au point de devenir méconnaissable.

❑ Texte VI

[Le mythe de Narcisse fascinait Paul Valéry, il l'envisageait comme le symbole de l'incapacité à se connaître soi-même, à trouver l'harmonie et l'unité de son être dans la fusion avec le double.]

Mais moi, Narcisse aimé, je ne suis curieux
Que de ma seule essence ;
Tout autre n'a pour moi qu'un cœur mystérieux,
Tout autre n'est qu'absence.
O mon bien souverain, cher corps, je n'ai que toi !
Le plus beau des mortels ne peut chérir que soi…
Douce et dorée, est-il une idole plus sainte,
De toute une forêt qui se consume, ceinte,
Et sise dans l'azur vivant par tant d'oiseaux ?
Est-il don plus divin de la faveur des eaux,
Et d'un jour qui se meurt plus adorable usage
Que de rendre à mes yeux l'honneur de mon visage ?
Naisse donc entre nous que la lumière unit
De grâce et de silence un échange infini !
Je vous salue, enfant de mon âme et de l'onde,
Cher trésor d'un miroir qui partage le monde !
Ma tendresse y vient boire, et s'enivre de voir
Un désir sur soi-même essayer son pouvoir !
O qu'à tous mes souhaits, que vous êtes semblable !
Mais la fragilité vous fait inviolable,
Vous n'êtes que lumière, adorable moitié
D'une amour trop pareille à la faible amitié !
Hélas ! la nymphe même a séparé nos charmes !
Puis-je espérer de toi que de vaines alarmes ?
Qu'ils sont doux les périls que nous pourrions choisir !
Se surprendre soi-même et soi-même saisir,
Nos mains s'entremêler, nos maux s'entre-détruire,
Nos silences longtemps de leurs songes s'instruire,
La même nuit en pleurs confondre nos yeux clos,
Et nos bras refermés sur les mêmes sanglots
Étreindre un même cœur, d'amour prêt à se fondre…

Quitte enfin le silence, ose enfin me répondre,
Bel et cruel Narcisse, inaccessible enfant,
Tout orné de mes biens que la nymphe défend…

Paul VALÉRY,
« Fragments du Narcisse », *Charmes*,
fragments II, vers 231-264, Gallimard, 1922.

❑ Texte VII

[Fervent admirateur de Paul Valéry et hanté comme lui par le mythe du jeune homme amoureux de son image, Gide consacra la première œuvre qu'il publia au symbole de Narcisse.]

NARCISSE ET LE FLEUVE DU TEMPS

Et Narcisse, qui ne doute pas que sa forme ne soit quelque part, se lève et part à la recherche des contours souhaités pour envelopper enfin sa grande âme.

Au bord du fleuve du temps, Narcisse s'est arrêté. Fatale et illusoire rivière où les années passent et s'écoulent. Simples bords, comme un cadre brut où s'enchâsse l'eau, comme une glace sans tain ; où rien ne se verrait derrière ; où, derrière, le vide ennui s'éploierait. Un morne, un léthargique canal, un presque horizontal miroir ; et rien ne distinguerait de l'ambiance incolorée cette eau terne, si l'on ne sentait qu'elle coule.

De loin, Narcisse a pris le fleuve pour une route, et comme il s'ennuyait, tout seul dans tout ce gris, il s'est approché pour voir passer des choses. Les mains sur le cadre, maintenant, il se penche, dans sa traditionnelle posture. Et voici que, comme il regarde, sur l'eau soudain se diapre une mince apparence. – Fleurs des rives, troncs d'arbres, fragments de ciel bleu reflétés, toute une fuite de rapides images qui n'attendaient que lui pour être, et qui sous son regard se colorent. Puis des collines s'ouvrent et des forêts s'échelonnent au long des pentes des vallées, – visions qui selon les cours des eaux ondulent, et que les flots diversifient. Narcisse regarde émerveillé ; – mais ne comprend pas bien, car l'une et l'autre se balancent, si son âme guide le flot, ou si c'est le flot qui la guide.

Où Narcisse regarde, c'est le présent. Du plus lointain futur, les choses, virtuelles encore, se pressent vers l'être ; Narcisse les voit, puis elles passent ; elles s'écoulent dans le passé. Narcisse trouve bientôt que c'est toujours la même chose. Il interroge ; puis médite. Toujours les mêmes formes passent ; l'élan du flot, seul les différencie. – Pourquoi plusieurs ? ou bien pourquoi les mêmes ? – C'est donc qu'elles sont imparfaites, puisqu'elles recommencent toujours… et toutes, pense-t-il, s'efforcent et s'élancent vers une forme première perdue, paradisiaque et cristalline.

Narcisse rêve au Paradis.

André GIDE,
« Théorie du symbole », *Le Traité du Narcisse*,
1891, rééd. Gallimard, bibl. de la Pléiade.

Texte VIII

[Un homme et deux femmes se retrouvent en enfer après leur mort. Aucun supplice n'a pourtant été préparé pour eux, ils sont simplement enfermés tous les trois dans un salon… À moins que la torture ne passe par le regard des autres et l'impossibilité de s'y soustraire ? Voilà que la coquette Estelle est privée de l'objet qui fondait son existence de séductrice : comment plaire sans se plaire ?]

ESTELLE – Monsieur, avez-vous un miroir ? *(Garcin ne répond pas.)* Un miroir, une glace de poche, n'importe quoi ? *(Garcin ne répond pas.)* Si vous me laissez toute seule, procurez-moi au moins une glace.

Garcin demeure la tête dans ses mains, sans répondre.

INÈS, *avec empressement* – Moi, j'ai une glace dans mon sac. *(Elle fouille dans son sac. Avec dépit :)* Je ne l'ai plus. Ils ont dû me l'ôter au greffe.

ESTELLE – Comme c'est ennuyeux.

Un temps. Elle ferme les yeux et chancelle. Inès se précipite et la soutient.

INÈS – Qu'est-ce que vous avez ?

ESTELLE, *rouvre les yeux et sourit* – Je me sens drôle. *(Elle se tâte.)* Ça ne vous fait pas cet effet-là, à vous : quand je ne me vois pas, j'ai beau me tâter, je me demande si j'existe pour de vrai.

INÈS – Vous avez de la chance. Moi, je me sens toujours de l'intérieur.

ESTELLE – Ah ! oui, de l'intérieur… Tout ce qui se passe dans les têtes est si vague, ça m'endort. *(Un temps.)* Il y a six grandes glaces dans ma chambre à coucher. Je les vois. Je les vois. Mais elles ne me voient pas. Elles reflètent la causeuse, le tapis, la fenêtre… comme c'est vide, une glace où je ne suis pas. Quand je parlais, je m'arrangeais pour qu'il y en ait une où je puisse me regarder. Je parlais, je me voyais parler. Je me voyais comme les gens me voyaient, ça me tenait éveillée. *(Avec désespoir.)* Mon rouge ! Je suis sûre que je l'ai mis de travers. Je ne peux pourtant pas rester sans glace toute l'éternité.

INÈS – Voulez-vous que je vous serve de miroir ? Venez, je vous invite chez moi. Asseyez-vous sur mon canapé.

ESTELLE, *indique Garcin* – Mais…

INÈS – Ne nous occupons pas de lui.

ESTELLE – Nous allons nous faire du mal : c'est vous qui l'avez dit.

INÈS – Est-ce que j'ai l'air de vouloir vous nuire ?

ESTELLE – On ne sait jamais…

INÈS – C'est toi qui me feras du mal. Mais qu'est-ce que ça peut faire ? Puisqu'il faut souffrir, autant que ce soit par toi. Assieds-toi. Approche-toi. Encore. Regarde dans mes yeux : est-ce que tu t'y vois ?

ESTELLE – Je suis toute petite. Je me vois très mal.

INÈS – Je te vois, moi. Tout entière. Pose-moi des questions. Aucun miroir ne sera plus fidèle.

Estelle, gênée, se tourne vers Garcin comme pour l'appeler à l'aide.

ESTELLE – Monsieur ! Monsieur ! Nous ne vous ennuyons pas par notre bavardage ?

Garcin ne répond pas.

INÈS – Laisse-le, il ne compte plus ; nous sommes seules. Interroge-moi.

ESTELLE – Est-ce que j'ai bien mis mon rouge à lèvres ?

INÈS – Fais voir. Pas trop bien.

ESTELLE – Je m'en doutais. Heureusement que *(elle jette un coup d'œil à Garcin)* personne ne m'a vue. Je recommence.

INÈS – C'est mieux. Non. Suis le dessin des lèvres ; je vais te guider. Là, là. C'est bien.

ESTELLE – Aussi bien que tout à l'heure, quand je suis entrée ?

INÈS – C'est mieux ; plus lourd, plus cruel. Ta bouche d'enfer.

ESTELLE – Hum ! Et c'est bien ? Que c'est agaçant, je ne peux plus juger par moi-même. Vous me jurez que c'est bien ?

INÈS – Tu ne veux pas qu'on se tutoie ?

ESTELLE – Tu me jures que c'est bien ?

INÈS – Tu es belle.

ESTELLE – Mais vous avez du goût ? Avez-vous *mon* goût ? Que c'est agaçant, que c'est agaçant.

INÈS – J'ai ton goût, puisque que tu me plais. Regarde-moi bien. Souris-moi. Je ne suis pas laide non plus. Est-ce que je ne vaux pas mieux qu'un miroir ?

ESTELLE – Je ne sais pas. Vous m'intimidez. Mon image dans les glaces était apprivoisée. Je la connaissais si bien… Je vais sourire : mon sourire ira au fond de vos prunelles et Dieu sait ce qu'il va devenir.

INÈS – Et qui t'empêche de m'apprivoiser ? *(Elles se regardent. Estelle sourit, un peu fascinée.)* Tu ne veux décidément pas me tutoyer ?

ESTELLE – J'ai de la peine à tutoyer les femmes.

INÈS – Et particulièrement les employées des postes, je suppose ? Qu'est-ce que tu as là, au bas de la joue ? Une plaque rouge ?

ESTELLE, *sursautant* – Une plaque rouge, quelle horreur ! Où ça !

INÈS – Là ! Là ! Je suis le miroir aux alouettes ; ma petite alouette, je te tiens ! Il n'y a pas de rougeur. Pas la moindre. Hein ? Si le miroir se mettait à mentir ? Ou si je fermais les yeux, si je refusais de te regarder, que ferais-tu de toute cette beauté ? N'aie pas peur : il faut que je te regarde, mes yeux resteront grands ouverts. Et je serais gentille, tout à fait gentille. Mais tu me diras : tu.

Un temps.

ESTELLE – Je te plais ?

INÈS – Beaucoup.

Un temps.

ESTELLE, *désignant Garcin d'un coup de tête* – Je voudrais qu'il me regarde aussi.

INÈS – Ha ! parce que c'est un homme. *(À Garcin.)* Vous avez gagné. *(Garcin ne répond pas.)* Mais regardez-la donc ! *(Garcin ne répond pas.)* Ne jouez pas cette comédie ; vous n'avez pas perdu un mot de ce que nous disions.

Jean-Paul SARTRE,
Huit clos, scène 5, 1944 © Gallimard.

❑ Texte IX

[Incarcéré et condamné à mort pour meurtre, Meursault tente d'analyser les derniers jours de sa vie et la solitude destructrice de la prison.]

Lorsqu'un jour, le gardien m'a dit que j'étais là depuis cinq mois, je l'ai cru, mais je ne l'ai pas compris. Pour moi, c'était sans cesse le même jour qui déferlait dans ma cellule et la même tâche que je poursuivais. Ce jour-là, après le départ du gardien, je me suis regardé dans ma gamelle de fer. Il m'a semblé que mon image restait sérieuse alors même que j'essayais de lui sourire. Je l'ai agitée devant moi. J'ai souri et elle a gardé le même air sévère et triste. Le jour finissait et c'était l'heure dont je ne veux pas parler, l'heure sans nom, où les bruits du soir montaient de tous les étages de la prison dans un cortège de silence. Je me suis approché de la lucarne et, dans la dernière lumière, j'ai contemplé une fois de plus mon image. Elle était toujours sérieuse, et quoi d'étonnant puisque, à ce moment, je l'étais aussi ? Mais en même temps et pour la première fois depuis des mois, j'ai entendu distinctement le son de ma voix. Je l'ai reconnue pour celle qui résonnait déjà depuis de longs jours à mes oreilles et j'ai compris que pendant tout ce temps j'avais parlé seul. Je me suis souvenu alors de ce que disait l'infirmière à l'enterrement de maman. Non, il n'y avait pas d'issue et personne ne peut imaginer ce que sont les soirs dans les prisons.

Albert CAMUS,
L'Étranger, 1942 © Gallimard.

❑ Texte X

[Échoué depuis plusieurs semaines sur une île déserte, Robinson s'aperçoit que la solitude désagrège peu à peu son être.]

Cette antipathie pour son propre visage et aussi une éducation hostile à toute complaisance l'avaient longtemps tenu à l'écart du miroir provenant de la *Virginie* qu'il avait suspendu au mur extérieur le moins accessible de la Résidence. L'attention vigilante qu'il portait désormais à sa propre évolution l'y ramena un matin – et il sortit même son siège habituel pour scruter plus à loisir la seule face humaine qu'il lui fût donné de voir.

Aucun changement notable n'avait altéré ses traits, et pourtant il se reconnut à peine. Un seul mot se présenta à son esprit : *défiguré*. « je suis défiguré », prononça-t-il à haute voix, tandis que le désespoir lui serrait le cœur. C'était vainement qu'il cherchait, dans la bassesse de la bouche, la matité du regard ou l'aridité du front – ces défauts qu'il se connaissait depuis toujours –, l'explication de la disgrâce ténébreuse du masque qui le fixait à travers les taches d'humidité du miroir. C'était à la fois plus général et plus profond, une certaine dureté, quelque chose de mort qu'il avait jadis remarqué sur le visage d'un prisonnier libéré après des années de cachot sans lumière. On aurait dit qu'un hiver d'une rigueur impitoyable fût passé sur cette figure familière, effaçant toutes ses nuances, pétrifiant tous ses frémissements, simplifiant son expression jusqu'à la grossièreté. Ah, certes, cette barbe carrée qui l'encadrait d'une oreille à l'autre n'avait rien de la douceur floue et soyeuse de celle du Nazaréen ! C'était bien à l'Ancien Testament et à sa justice sommaire qu'elle ressortissait, ainsi d'ailleurs que ce regard trop franc dont la violence mosaïque effrayait.

Narcisse d'un genre nouveau, abîmé de tristesse, recru de dégoût de soi, il médita longuement en tête à tête avec lui-même. Il comprit que notre visage est cette partie de notre chair que modèle et remodèle, réchauffe et anime sans cesse la présence de nos semblables. Un homme que vient de quitter quelqu'un avec qui il a eu une conversation animée : son visage garde quelque temps une vivacité rémanente qui ne s'éteint que peu à peu et dont la survenue d'un autre interlocuteur fera rejaillir la flamme. « Un visage éteint. Un degré d'extinction sans doute jamais atteint encore dans l'espèce humaine. » Robinson avait prononcé ces mots à haute voix. Or sa face en proférant ces paroles lourdes comme des pierres n'avait pas davantage bougé qu'une corne de brume ou un cor de chasse. Il s'efforça à quelque pensée gaie et tâcha de sourire. Impossible. En vérité il y avait quelque chose de gelé dans son visage et il aurait fallu de longues et joyeuses retrouvailles avec les siens pour provoquer un dégel. Seul le sourire d'un ami aurait pu lui rendre le sourire...

Il s'arracha à l'horrible fascination du miroir et regarda autour de lui. N'avait-il pas tout ce qu'il lui fallait sur cette île ? Il pouvait étancher sa soif et apaiser sa faim, pourvoir à sa sécurité et même à son confort, et la Bible était là pour satisfaire ses exigences spirituelles. Mais qui donc, par la simple vertu d'un sourire, ferait jamais fondre cette glace qui paralysait son visage ? Ses yeux s'abaissèrent alors vers Tenn, assis par terre à sa droite qui levait son museau vers lui. Robinson avait-il une hallucination ? *Tenn souriait à son maître*. D'un seul côté de sa gueule, sa lèvre noire, finement dentelée se soulevait et découvrait une double rangée de crocs. En même temps il inclinait drôlement la tête sur le côté, et on aurait dit que ses yeux noisette se plissaient ironiquement. Robinson saisit à deux mains la grosse tête velue, et son regard se voila d'émotion. Une chaleur oubliée colorait ses joues et un frémissement imperceptible faisait trembler les commissures de ses lèvres. C'était comme sur les bords de l'Ouse, quand le premier souffle de mars faisait pressentir les prochains tressaillements du printemps. Tenn faisait toujours sa grimace et Robinson le regardait passionnément afin de recouvrer la plus douce des facultés humaines. Désormais ce fut comme un jeu entre eux. Tout à coup Robinson interrompait son travail, sa chasse, son cheminement sur la grève ou dans les bois – ou bien il allumait une torche résineuse au milieu de la nuit – et son visage qui n'était plus qu'à demi mort fixait Tenn d'une certaine façon. Et le chien lui souriait, la tête inclinée, et son sourire de chien se reflétait de jour en jour plus distinctement sur le visage humain de son maître.

Michel TOURNIER,
Vendredi ou les Limbes du Pacifique,
1967 © Gallimard.

❑ Texte XI

[La descente d'Orphée aux Enfers vue par Jean Cocteau.]

HEURTEBISE – La mort est entrée chez vous pour prendre Eurydice.

ORPHÉE – Oui…

HEURTEBISE – Elle a oublié ses gants en caoutchouc. *(Un silence. Il s'approche de la table, hésite et prend les gants de loin comme on touche un objet sacré.)*

ORPHÉE, *avec terreur* – Ah !

HEURTEBISE – Vous allez les mettre.

ORPHÉE – Bon.

HEURTEBISE – Mettez-les. *(Il les lui passe. Orphée les met.)* Vous irez voir la Mort sous prétexte de les lui rendre et grâce à eux vous pourrez parvenir jusqu'à elle.

ORPHÉE – Bien.

HEURTEBISE – La Mort va chercher ses gants. Si vous les lui rapportez, elle vous donnera une récompense. Elle est avare, elle aime mieux prendre que donner et comme elle ne rend jamais ce qu'on lui laisse prendre, votre démarche l'étonnera beaucoup. Sans doute vous obtiendrez peu, mais vous obtiendrez toujours quelque chose.

ORPHÉE – Bon.

HEURTEBISE *(Il le mène devant le miroir.)* – Voilà votre route.

ORPHÉE – Ce miroir ?

HEURTEBISE – Je vous livre le secret des secrets. Les miroirs sont des portes par lesquelles la Mort va et vient. Ne le dites à personne. Du reste, regardez-vous toute votre vie dans une glace et vous verrez la Mort travailler comme des abeilles dans une ruche de verre. Adieu. Bonne chance !

ORPHÉE – Mais un miroir, c'est dur.

HEURTEBISE *(la main haute.)* – Avec ces gants vous traverserez les miroirs comme de l'eau.

ORPHÉE – Où avez-vous appris toutes ces choses redoutables ?

HEURTEBISE, *(sa main retombe.)* – Vous savez, les miroirs, ça rentre un peu dans la vitre. C'est notre métier[1].

ORPHÉE – Et une fois passée cette... porte...

HEURTEBISE – Respirez lentement, régulièrement. Marchez sans crainte devant vous. Prenez à droite, puis à gauche, puis à droite, puis tout droit. Là, comment vous expliquer... Il n'y a plus de sens... on tourne ; c'est un peu pénible au premier abord.

ORPHÉE – Et après ?

HEURTEBISE – Après ? Personne au monde ne peut vous renseigner. La mort commence.

ORPHÉE – Je ne la crains pas.

HEURTEBISE – Adieu. Je vous attends à la sortie.

ORPHÉE – Je serai peut-être long.

HEURTEBISE – Long... pour vous. Pour nous, vous ne ferez guère qu'entrer et sortir.

ORPHÉE – Je ne peux croire que cette glace soit molle. Enfin, J'essaye.

HEURTEBISE – Essayez. *(Orphée se met en marche.)* D'abord les mains !

Orphée, les mains en avant, gantées de rouge, s'enfonce dans la glace.

ORPHÉE – Eurydice !... (*Il disparaît.*)

Jean COCTEAU,
Orphée, 1925, extrait de la scène 7 © Stock.

1. Heurtebise est un ange, mais il existe dans le monde des vivants sous l'apparence d'un vitrier et porte sur les épaules un jeu de vitres.

Repères

Pèlerinage à l'île de Cythère
ou *Embarquement pour Cythère*,
Antoine Watteau, 1717.
(Musée du Louvre, Paris.)

BIBLIOGRAPHIE

BONHÔTE Nicolas, *Marivaux ou les Machines de l'Opéra,* L'Âge d'Homme, 1974.

DEGUY Michel, *La Machine matrimoniale ou Marivaux,* Gallimard, 1981, réédité en 1986, coll. « Tel ».

DELOFFRE Frédéric, *Une préciosité nouvelle : Marivaux et le Marivaudage,* Les Belles Lettres, 1955, réédité par Colin, 1976.

PAVIS Patrice, *Marivaux à l'épreuve de la scène,* Publications de la Sorbonne, 1986.

ROUSSET Jean, « Marivaux ou la structure du double registre », *Forme et signification,* Corti, 1963.

PARCOURS DE LECTURE

Collection dirigée par Alain Boissinot

Ami retrouvé (L')
Fred Uhlman
Avalée des avalées (L')
Réjean Ducharme
Balcon en forêt (Un)
Julien Gracq
Bérénice
Racine
Boule de Suif
Guy de Maupassant
Candide
Voltaire
Capitale de la douleur
Paul Éluard
Chroniques italiennes
Stendhal
Contemplations (Les)
Victor Hugo
Contes
Perrault
Contes d'Amadou Koumba
Birago Diop
Contes fantastiques
Débuts de romans (Les)
Désert
J.-M. G. Le Clézio
Dispute (La)
Marivaux
Éducation sentimentale (L')
Gustave Flaubert
Étranger (L')
Albert Camus
Fêtes galantes
Paul Verlaine
Fleurs du mal (Les)
Baudelaire
George Dandin
Molière
Grand Meaulnes (Le)
Alain Fournier
Ile des esclaves (L')
Marivaux
Images de l'Orient au XIXe siècle
Images du lecteur dans les textes romanesques
Lettre et le récit (La)
Loin de Rueil
Raymond Queneau
Lorenzaccio
Alfred de Musset
Madame Bovary
Gustave Flaubert
Malicroix
Henri Bosco
Marcovaldo
Italo Calvino
Mateo Falcone
Prosper Mérimée
Médecin malgré lui (Le)
Molière
Moderato cantabile
Marguerite Duras
Or (L')
Blaise Cendrars
Paul et Virginie
Bernardin de Saint-Pierre
Peau de chagrin (La)
Honoré de Balzac
Pierre et Jean
Guy de Maupassant
Poèmes
Apollinaire
Poèmes
Léopold Sédar Senghor
Sonnets
Louise Labé
Trois Contes
Gustave Flaubert
Vénus d'Ille (La)
Prosper Mérimée

et de nombreux autres titres à paraître

Imprimé en France. — JOUVE, 18, rue Saint-Denis, 75001 PARIS
N° 205148W. — Dépôt légal : Octobre 1992